COLLECTION
ROLF HEYNE

AXEL UND BIBIANA BEHRENDT

PORTWEIN

DER GUIDE
FÜR KENNER UND GENIESSER

Fotografiert von Armin Faber
und Thomas Pothmann

WILHELM HEYNE VERLAG
MÜNCHEN

FÜR DENNIS

2. Auflage

Umschlaggestaltung: Christian Diener, Berlin
Umschlagfoto: Manuel Schnell, München
Satz: KortSatz GmbH, München
Druck und Bindung: Pressedruck, Augsburg
Printed in Germany

ISBN 3-453-11527-9

Inhalt

Vorwort

Portwein gehört unbestreitbar zu den ganz großen Klassikern in der Welt der edlen Getränke. Ganz gleich, in welchem Erdteil Digestifwagen durch feine Restaurants gerollt werden – der eine oder andere Portwein ist immer dabei, in schöner Eintracht mit hochprozentigen Cognacs und anderen Weinbränden, mit Malt Whiskys, Grappe oder Obstbränden.
Eigentlich erstaunlich, wenn man bedenkt, daß Portwein genau genommen in keine »Schublade« paßt: Er ist mit seinen meist 20 Volumenprozent Alkohol keine Spirituose wie etwa die genannten Hochprozenter – auf der anderen Seite ist Port-»Wein« aber auch kein Wein im ursprünglichen Sinne, dessen natürliches Alkoholmaximum ja bei etwa 15 %vol liegt. Mit Alkohol »aufgespritet«, sitzt er gemütlich zwischen den Stühlen der Weine und Spirituosen. Er ist ein Zwischending, ein »Zwitter«, wenn man so will. Ähnlich wie Sherry oder Madeira stellt er eine eigene Getränkegattung dar – aus diesem Grunde plädieren nicht wenige für die Abschaffung des Begriffes »Portwein«, zugunsten der Bezeichnung »Port«, die den eigenständigen, regionalen Spezialitätencharakter treffender umschreibe. Wir möchten uns dieser Auffassung nicht anschließen – auf unseren Reisen zu den Kellereien von Vila Nova de Gaia und ins Douro-Tal und in vielen Gesprächen mit den Machern dieser Spezialität haben wir immer wieder erlebt, wie eindeutig (um nicht zu sagen einseitig) die Erzeuger ihre Produkte vom Wein her betrachten: Ihre Gedanken sind auf Böden, Klima, Rebsorten, Weinbergpflege, Kellerausbau ausgerichtet... alles, worüber sich ein Winzer den Kopf zerbricht; demgegenüber sehen sie die Zugabe von (nahezu) geschmacksneutralem Alkohol als rein technischen Vorgang, als notwendige Routine und Abrundung. Ihrem Selbstverständnis nach sind sie Winzer, so daß wir gerne weiter von »Portwein« sprechen, den eingeführten Begriff »Port« jedoch synonym verwenden.
So international Portwein auch ist, in Deutschland hat er nie den Stellenwert erlangt, den er etwa in Frankreich oder – natürlich – in Großbritannien genießt. Hierzulande scheint er vorwiegend für eine relativ kleine Liebhaberschar reserviert. Vielleicht liegt es

ja an dem schon angesprochenen weit verbreiteten Schubladen-Denken nach dem Motto: entweder Wein oder gleich eine »richtige« Spirituose. »Puristen«, die Port für eine obskure Mixtur halten, sollten aber auch akzeptieren, daß Mischungen – wenn sie denn zu einem harmonischen Ergebnis führen – durchaus sinnvoll sein und eine Bereicherung der Getränkelandschaft darstellen können. Ein schlagendes Beispiel hierfür sind die sogenannten Cream-Liköre, die es in den letzten paar Jahren zu ungeheurer Beliebtheit und enormen Verkaufszahlen gebracht haben: mehr oder weniger gelungene Kompositionen aus hochprozentigen Spirituosen und sanfter Sahne; im Grunde also schon von der Idee her weit gewagtere Zusammenstellungen, als es der mit ein wenig Branntwein verstärkte Port je war.
Offensichtlich gibt es Genießer, die Getränke, ohne solche Vorbehalte, für ihre ureigene Art zu würdigen wissen. Im Falle der Portweine ist dies eine ungeheure Bandbreite an Farbschattierungen, Aromanuancen und Geschmacksrichtungen – mit einer Kraft, die so mancher auf leicht, trocken und elegant hochgezüchtete Trinkwein weder bieten kann, noch soll. Beim Port dagegen ist Ausdruck Trumpf, Robustheit auf nicht minder elegante Art, der

Portwein – ein Klassiker im Trend

»Mundvoll« Wein. Traditionelle Qualitäten, die auch und gerade Weinkenner zu schätzen wissen – alles zu seiner Zeit, versteht sich.

Dem Zeitgeist nach könnte Portwein vor einer Renaissance stehen. So mancher Getränke-Klassiker ist in den vergangenen Jahren der Rückbesinnung auf das Ursprüngliche wieder- oder (Beispiel Malt Whisky) überhaupt erst entdeckt worden. Port bietet hierfür, neben seinem Klassiker-Image, zudem noch ein aktuelles Trend-Potential: Die wachsende Zahl der trockenen weißen Ports ist auf dem besten Weg, den Aperitif-Bereich zu erobern. Insgesamt kann von einem Portwein-Boom zwar noch nicht die Rede sein, doch die jüngsten Zahlen zeigen jedenfalls wieder nach oben. Der Markt ist in Bewegung, und so schien es uns an der Zeit, ihn ein wenig zu beleuchten. Im Hauptteil dieses Guides finden Sie einen Großteil der Erzeuger und ihre Produkte, im Anhang weitere empfehlenswerte Produzenten, die aus Platzgründen nicht ausführlicher besprochen werden konnten – insgesamt ein breites Spektrum aus berühmten Namen und überraschenden Entdeckungen.

Unsere eigene Entdeckungsreise in die Welt der Portweine wäre nicht möglich gewesen ohne die Mithilfe all jener, die uns mit Rat und Tat, mit Informationen oder Verkostungsproben zur Seite gestanden haben. Wir danken allen für die Unterstützung, insbesondere auch dem Team des Portugiesischen Handels- und Touristikbüros ICEP, dem Instituto do Vinho do Porto sowie den Portwein-Häusern, deren Gastfreundschaft wir bei unseren Recherchen in Anspruch nehmen durften.

Portwein gestern: Portugiesisch-Britisches Gemeinschaftsprojekt

Portwein sei eine »Erfindung« der Engländer, heißt es. Das ist zwar nicht ganz falsch, aber doch eine sehr holzschnitthafte Verkürzung all der Umstände und Zufälligkeiten, der ökonomischen Zwänge und politischen Verwicklungen, die zum Entstehen dieser Spezialität und zu ihrer weltweiten Verbreitung geführt haben – Steigbügelhalter bei der internationalen Karriere waren die Briten allerdings ohne Zweifel.

Doch beginnen wir bei unserem geschichtlichen Rückblick viel früher, am historischen wie geographischen Ursprung, im Douro-Tal. Es ist nicht belegt, andererseits aber durchaus naheliegend, daß den kargen Böden dieser Gegend schon in vorchristlicher Zeit Wein abgerungen wurde. Und zwar von den Ureinwohnern, die mit Knochenarbeit die ersten Rebanlagen pflanzten, mit ihren be-

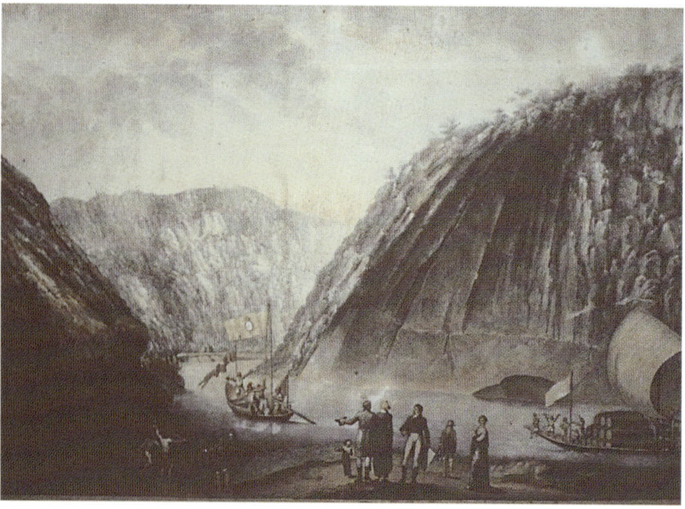

Wildromantisch, gestern wie heute: das Douro-Tal

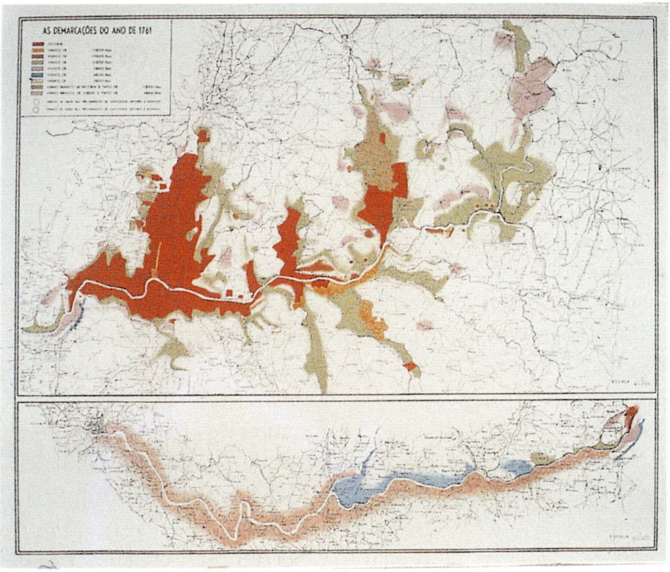

Historische Karte: die ersten klassifizierten Weinberge

scheidenen Mitteln die ersten Weine kelterten – anders ist kaum zu erklären, daß sich, ziemlich genau vor 2000 Jahren, die Römer mit dem Weinbau in dieser abgelegenen Region beschäftigt haben, die zudem nicht gerade ideale klimatische Voraussetzungen bot. Eine Grundlage, auf der sich aufzubauen lohnte, dürfte also schon gegeben gewesen sein, als dieses Gebiet unter Brutus annektiert und römische Provinz wurde. Eine Basis, die vielversprechend genug gewesen sein muß, um an der Douro-Mündung die Siedlung Cale mit dem Hafen Portus Cale zu gründen, woraus später der Name Porto (und letztlich auch der Landesname Portugal) werden sollte. Die Weine der damaligen Zeit wurden als Vinho Caleno oder Vinho de Cale bezeichnet. Später wurden sie, in Anlehnung an den früheren Namen des Flußes, an dessen Ufern sie wuchsen, als Vinho do Cima Doyro oder Vinho da Riba Doyro bezeichnet. Zeitweise war der gängige Begriff auch Vinho de Lamego, nach der Weinbaustadt im Westen des Flußtales. Immer jedoch wurden die Kreszenzen aus dieser Gegend mit einer gewissen Hochachtung (und wohl auch im Hinblick auf ihre Preise) als »Vinho para nobres« bezeichnet – Wein für den Adel.

Von Porto aus wurde schon in sehr früher Zeit der hoch geschätzte Wein aus dem Douro-Tal weithin verschifft. Der rege Handel, besonders mit entfernten Ländern wie etwa Holland und namentlich mit England, führte schließlich dazu, daß aus Wein Portwein wurde – aus Gründen der Haltbarkeit auf den langen Seereisen wurde der Wein spätestens seit dem 17. Jahrhundert mit hochprozentigem Alkohol versetzt und bekam so den Charakter einer Spezialität, wie wir sie noch heute kennen. Auf die Idee der Branntweinzugabe sind nicht, wie oft fälschlich angenommen, die Engländer gekommen, sondern wohl die portugiesischen Winzer selbst – allerdings setzten sie ihre Hochprozenter weit sparsamer ein, als es die Engländer später zu tun pflegten. Erstmals belegt wurde die Praxis, den Wein noch während des Gärens aufzuspriten, 1678 von einem Engländer, der dies in einem Kloster in Lamego beobachtet hatte. Was aber nicht ausschließt, daß dies auch anderenorts und womöglich lange früher ähnlich gehandhabt wurde.
In jedem Fall war England von entscheidender Bedeutung für die frühe Erfolgsgeschichte und die spätere weltweite Verbreitung des Port. Dafür gab es zwei gute Gründe: Zum einen entsprach der gespritete Wein mit seiner Restsüße durchaus dem Geschmack gerade der Engländer. Vor allem jedoch stellte England auch mengenmäßig einen bedeutenden Markt dar – und dies kurioserweise dank Irren und Wirren der internationalen Politik.
Nach Beginn der Streitigkeiten zwischen England und Frankreich in den 60er Jahren des 17. Jahrhunderts glich die Insel zunehmend einem ausgetrockneten Schwamm: In einer Kette von handelspolitischen Maßnahmen erschwerte England die Einfuhr von Weinen aus Frankreich, während es dem alten Verbündeten Portugal die Türen immer weiter öffnete. Dies galt um so mehr nach Ausbruch des englisch-französischen Krieges 1678. In diesem Jahr wurden bereits (größtenteils faßweise) umgerechnet 24 000 Kisten Portwein nach England verschifft. In den Jahren darauf explodierte der Port-Export geradezu: 1693 nahmen die Engländer 780 000 Kisten ab, 1728 waren es bereits 1,5 Millionen – der Großteil der Jahresproduktion. Portwein erreichte bei den englischen Genießern damals einen Ruf, der den hochgeschätzten Bordeaux-Weinen in nichts nachstand.
Bereits Anfang des 17. Jahrhunderts hatte sich im Norden Portugals, in der Provinz Minho, eine kleine englische Kolonie von

Der Marquis von Pombal: Vater des modernen Portweins

Händlern niedergelassen. Von dort aus wurden die leichteren Weine dieser Region nach England exportiert, im Gegenzug Wolle und Tuch eingeführt. Nach 1660 zogen viele von ihnen nach Süden – aufgrund des Aufschwungs der Portweine aus dem Douro-Tal, aber auch wegen des besser schiffbaren Hafens von Porto. In den folgenden Jahrzehnten eröffneten sie viele der berühmten Portweinhäuser, deren britische Namen bis heute an diese Gründertage erinnern.

Die guten Absatzmöglichkeiten für Port und die dank der niedrigen Einfuhrzölle erzielbaren Gewinnspannen riefen freilich auch Fälscher und Panscher auf den Plan: Der erwünschten tiefroten Farbe des Port etwa wurde nicht selten mit Holundersaft auf die Sprünge geholfen. Ganz allgemein sank die Qualität – nur folgerichtig in einem Umfeld, das bislang keine verbindlichen Herstellungsvorschriften kannte. Die Verbraucher merkten die Absicht und waren verstimmt: Etwa ab Beginn der 1730er Jahre begann der Port-Absatz ebenso kontinuierlich zu sinken wie die Preise.

1756 trat der portugiesische Minister Sebastiao de Carvalho, der spätere Marquis von Pombal, auf den Plan. Er gründete die »Companhia Geral da Agriculturados Vinhos do Alto Douro« – ein Institut mit Export- und später auch Branntweinmonopol, das die Herstellung und den Handel erstmals kontrollierte. Die einschlägigen Bestimmungen wurden in den darauffolgenden Jahren immer weiter präzisiert und durch flankierende Maßnahmen ergänzt – etwa durch die Rodung sämtlicher Holunderbüsche im Norden Portugals, wodurch potentiellen Panschern ein Kunstgriff weniger zur Verfügung stand. Auch die Grenzen des Portwein-Anbaugebietes wurden abgesteckt, um zu verhindern,

daß die Weine aus dem Douro-Tal weiter mit Billigweinen aus anderen Anbaugebieten gestreckt wurden.
Diese und ähnliche Maßnahmen – wohl das älteste die Anbaugebiete begrenzende Weingesetz der Welt und gleichzeitig eines der am strengsten kontrollierten – erwiesen sich als höchst erfolgreich: Qualität und Ansehen des Portweins stiegen wieder, der Absatz erholte sich und kletterte auf neue Rekordhöhen: 1799 beispielsweise wurden stattliche 3,5 Millionen Kisten Port nach England geschippert. Von wo aus die portugiesische Spezialität damals, wahrscheinlich aber schon früher, zumindest in kleinen Mengen weltweite Verbreitung gefunden haben muß: Die Seefahrernation England mit ihren zahlreichen Kolonien rund um den Globus war geradezu prädestiniert, den Ruf des Port bis in alle Winkel der Erde zu verbreiten – quasi eine Grundlage für Handelsbeziehungen, die die Portweinhäuser später selbst zu weiteren Exportländern knüpften.
England war somit indirekt mitverantwortlich für die Weltkarriere des Port – manchmal stand es seiner früheren Verbreitung aber auch im Wege. Amerika beispielsweise begann erst ein Jahrhundert nach England, in nennenswertem Umfang Port einzuführen. Der Grund: Zu Kolonialzeiten hätte Portwein ausschließlich auf britischen Schiffen nach Amerika gebracht werden dürfen, was dort nicht gerade mit Begeisterung aufgenommen wurde – erst nach der Erlangung der Unabhängigkeit 1776 waren die Amerikaner in der Lage, nicht nur wie bisher unter anderem Madeirawein, sondern auch ihren Port auf eigenen Schiffen ins Land zu bringen.
Genau genommen war es also nicht England, das den Port in aller Welt berühmt und groß gemacht hat – es waren Engländer: die Factors und Shippers, die Chefs der Portweinhäuser. Einzelpersönlichkeiten, die ihren Produkten immer auch ein Image britischer Tradition und Lebensart mit auf den Weg gaben. Und den Alkoholgehalt, wie wir ihn heute kennen: im 17. Jahrhundert war es üblich gewesen, einer sogenannten Pipe (Faßgröße von 550 Litern) 15 Liter Branntwein zuzugeben, um den Wein für seine lange Schiffsreise stabiler zu machen, also etwa drei Prozent des Weinvolumens. Dafür, daß nach und nach immer stärker aufgespritet wurde, soll nicht zuletzt der Jahrhundertjahrgang 1820 verantwortlich gewesen sein – ein Jahr, das auf natürlichem Wege

Baron Joseph James Forrester

außergewöhnlich alkoholreiche Weine mit hohem Restzuckergehalt hervorgebracht haben muß. Die englischen Portliebhaber waren von den 1820ern so begeistert, daß sie fortan nichts anderes mehr wollten: so mußte Portwein immer schmecken! Die Erzeuger reagierten auf die Nachfrage aus England, indem sie die Vergärung ihrer Weine zunehmend früher und mit wachsenden Zugaben von Alkohol stoppten. Sie taten es guten Gewissens, denn sie entdeckten, daß damit auch qualitative Vorteile verbunden waren: die Weine wurden stabiler und im Aussehen auch klarer. Diese Praxis war lange Zeit nicht unumstritten. Der Portwein-Erzeuger Baron Joseph James Forrester bespielsweise – einer der berühmtesten und schillerndsten Charakterköpfe der Portwein-Geschichte, der sich auch als Maler, Autor und als erster Kartograph der Douro-Region einen Namen gemacht hatte – sprach sich um das Jahr 1850 gegen jeden Branntweinzusatz aus. Er blieb mit seiner Auffassung jedoch in der Minderheit. Eine gemeinsame Linie hatte sich damit aber noch längst nicht durchgesetzt. Bis Ende des 19. Jahrhunderts wurden Portweine unterschiedlichen Stils produziert: »Dry« mit wenig Alkohol, »Medium« als Kompromiß und »Rich« für die Liebhaber höher alkoholischer, süßerer Ports, die sich schließlich, ab etwa 1900, durchgesetzt haben. Heute werden, zum Vergleich mit der ober zitierten Praxis, einer Pipe Rotwein etwa 100 Liter (also fast ein Fünftel des Weinvolumens) an 77%igem Branntwein zugegeben, um den Portwein auf einen Alkoholgehalt von meist 20 Volumenprozent zu bringen.

Port ist also, wie so viele Getränkespezialitäten, nicht das Ergebnis einer genau datierbaren Erfindung, sondern Resultat einer wechselvollen Entwicklungsgeschichte.

PORTWEIN IM WANDEL DER GESCHICHTE

27 v. Chr.	Die Region wird unter Brutus römische Provinz; Gründung Cale und Portus Cale, woraus später Porto wird
1143	Portugal wird unabhängiges Königreich
1373	Erstes Bündnis zwischen Portugal und England
nach 1660	Beginn des Streits zwischen England und Frankreich
1670	Gründung der Firma Warre, das erste britische Portweinhaus
1675	Erste urkundlich belegte Bezeichnung von Portwein als »Porto«
1678	Kriegsausbruch England/Frankreich, Englands Weineinfuhren aus Portugal nehmen sprunghaft zu
1693	William III. erhöht die Einfuhrzölle auf französische Weine drastisch, die Importe kommen wenig später vollends zum Erliegen
1703	Methuen-Vertrag: Portugal verpflichtet sich zur Abnahme englischer Wolle, England fördert in Zollabkommen den Import portugiesischer Weine
um 1730	Port-Panscher-Skandale, in der Folge Rückschläge für den Handel
1756	Gründung des Kontrollinstitutes »Companhia Geral da Agriculturados Vinhos do Alto Douro«
1761	Gesetzliche Festlegung des Portwein-Anbaugebietes sowie strikter Herstellungsvorschriften
1789	Französische Revolution: Stop der Weinexporte nach England, weitere Intensivierung der portugiesisch-englichen Handesbeziehungen
nach 1820	Vermehrte Zugabe von Branntwein kommt in Mode
1850	Baron Joseph James Forrester spricht sich gegen jede Branntweinzugabe aus
1900	Das Aufspriten auf ca. 20 %vol Alkohol hat sich allgemein durchgesetzt
1933	Gründung des Casa do Douro (Régua) und des Instituto do Vinho do Porto (Porto)

Portwein heute: Klassiker mit Trend-Potential

Auch ein Klassiker muß mit der Zeit gehen. In der Neuzeit gab es zahlreiche Veränderungen und Neuerungen. Unser Jahrhundert begann schon damit: Anno 1907 beispielsweise wurden die Grenzen des Anbaugebietes revidiert. In den folgenden Jahrzehnten wurden Weinberge »umgebaut«, neue Terrassen angelegt, neue Rebsorten ausgepflanzt. Technische Verfahren der Weinbereitung wurden verbessert, verfeinert. Auch die Transportwege veränderten sich: Über Generationen waren die Grundweine mit einer kleinen Armada von Lastkähnen den Douro hinunter nach Vila Nova de Gaia gebracht worden. Ein solches Barco Rabelo – ein langgestrecktes, schlankes Transportboot mit Segel, Ruderblättern und dem langen Steuerruder am Heck – konnte auf Deck ein paar Dutzend Fässer unterbringen und durch Stromschnellen wie durch ruhiges Wasser dirigiert werden. Bis in die 30er Jahre war dieses Transportmittel durchaus üblich, und noch in den 60er Jahren war der Douro für die Barcos größtenteils schiffbar – bis zum Bau großer Staudämme. Doch längst zuvor waren neue Straßenverbindungen angelegt worden, hatten Last- und Tankwagen begonnen, die alten Barcos Rabelos abzulösen.

Bei all dem Wandel erwies sich die Gründung einer Kontrollinstanz durch den Marquis von Pombal 1756 abermals als Segen. Sie sorgte für Kontinuität und garantierte Qualität. Und wurde selbst zum Gegenstand des Wandels: 1933 entstand daraus das Instituto do Vinho do Porto (IVP) mit neuen, noch weiter reichenden Aufgaben. Gemeinsam mit dem Casa do Douro in Régua kontrolliert es lückenlos sämtliche Phasen der Herstellung, vom Weinberg bis zum fertigen Portwein in der Flasche. Eine minutiöse Mengenkontrolle stellt sicher, daß sich keine fremden Weine in die Produktionskette einschleichen können. Kein Port, der nicht in den Labors des halbstaatlichen Instituts von unabhängigen Experten unter die Lupe genommen wurde, bevor er sein Gütesiegel bekommt und in den Handel gehen darf. Es liegt auf der Hand, daß auch die technischen Möglichkeiten und Verfahren

Die Region Douro und ihre Weinlagen heute

der Laboranalyse heute ausgefeilter sind, als sie es in früheren Zeiten je sein konnten. Ein Vorteil für die Qualitätssicherung.
Einen Klassiker lebendig zu halten, verlangt jedoch mehr, als das starre Festhalten an überkommenen Traditionen. Es gehört auch ein Schuß Modernität dazu, die Fähigkeit zur Flexibilität, eine Bereitschaft, sich Anforderungen der Zeit nicht zu verschließen. So ist das IVP selbst federführend bei der Erprobung neuer Rebsorten und auf anderen Forschungsgebieten. Auch für die Wünsche der Verbraucher ist man offen: Als etwa die weißen Ports in immer trockenerer Art nachgefragt wurden, sah man keinen Grund, dem entgegenzuwirken, obwohl dieser Portweintyp traditionell eher üppig und süß zu sein pflegte – kein Problem, solange der moderne Ausbau im Rahmen der Herstellungsvorschriften blieb. Und die lassen genügend Raum, damit die Hersteller auch einem sich wandelnden Zeitgeschmack mit geringfügigen Variationen Rechnung tragen können.
Die weitreichendsten Veränderungen für den Portwein von heute begannen nach 1960, mit massiven Eingriffen in die Flußlandschaft. Die erwähnten Dammbauten stauten Seen auf und ließen den Wasserstand des Flusses ansteigen – das Ende für so manche der alten, nur knapp über dem Ufer gelegenen Rebbestände.

In den folgenden zwei Jahrzehnten wurde auch weiter oben an den steilen Hängen nach Kräften umgestaltet: Terrassen wurden planiert, wo es möglich war Rebzeilen vertikal statt horizontal angepflanzt, die Rebdichte verringert. Ziel der von der Weltbank geförderten Aktionen: Ein höherer Grad an Mechanisierung, um den auch in Portugal steigenden Lohnkosten zu begegnen und die Preise für Portwein in verbraucherfreundlichen Grenzen zu halten. Dem dienten auch neue Techniken der Weinbereitung, ebenso wie die Einrichtung von Zentralkellereien zur Verarbeitung des Traubenguts umliegender Winzer.

Wie man sieht, war und ist die Portwein-Landschaft in diesem Jahrhundert geprägt von geradezu revolutionären Umwälzungen. Doch bei allen Neuerungen sind auch die traditionellen Verfahren keineswegs von der Bildfläche verschwunden – nach wie vor besteht ein Großteil der Anbauflächen aus den alten, steilen, von Steinmäuerchen eingefaßten Rebterrassen, die oft die besten Weine liefern. Noch immer werden die Trauben vorwiegend von Hand gelesen und in Körben zur Quinta geschleppt. Und manche der Winzer haben gar ihre steinernen Tröge, die Lagares, beibehalten, in denen auch heute noch, wie vor Jahrhunderten, das Traubengut von Pflückerinnen und Arbeitern schonend mit den Füßen zu Brei zertreten oder »zertanzt« wird.

Im IVP-Labor: Port unter der Lupe

Am Douro hat sich also ein harmonisches Nebeneinander von modernen, innovativen Techniken und von traditionellen Methoden eingespielt. Ein Festhalten an überlieferten Werten, das jedoch gleichzeitig unterstützt wird durch önologisches Know-how auf neuestem Stand.

Die Entwicklungen auf der Erzeugerseite gingen einher mit weitreichenden Veränderungen im internationalen Marktgeschehen. Waren in der früheren Geschichte des Portweins, über Generationen hinweg, vor allem England und daneben nur wenige andere Länder (wie etwa Holland) Hauptabnehmer gewesen, so kam es namentlich in diesem Jahrhundert – auch dank weltweit verbesserter Transport-Infrastrukturen – zu einer enormen Internationalisierung des Absatzes. Immer mehr und immer weiter entfernt liegende Märkte konnten erschlossen und beliefert werden. Heute wird Portwein in alle Winkel der Erde exportiert, bis nach Japan, Australien und Neuseeland. Natürlich finden sich darunter auch Länder, die Portwein in geradezu homöopathischen Dosen importieren. Das in der IVP-Statistik »kleinste« gerade noch explizit genannte Exportland beispielsweise ist Griechenland: Dorthin wurden im gesamten Jahr 1995 gerade mal 19 Hektoliter Port ausgeführt – die Menge, die allein in der Stadt London täglich nach dem Lunch konsumiert wird, liegt vermutlich deutlich darüber. Doch mit Blick auf den Überfluß an heimischen Süd- bzw. Süßweinen in Griechenland kann man auch sagen: immerhin! Wenn selbst dort für einen Grundbestand zumindest auf den Digestifwagen der gehobenen Restaurants gesorgt wird, muß es sich bei Port wirklich um einen international unverzichtbaren Klassiker handeln.

Das Jahr 1963 markierte einen Wendepunkt in der jüngeren Geschichte des Portweins – erstmals hatte ein anderes Land Großbritannien als Hauptabnehmer überholt: Frankreich wurde damals zum wichtigsten Abnehmerland und ist es seither auch ununterbrochen geblieben. Daß gerade die Franzosen zu den größten Port-Liebhabern wurden, sagt auch etwas über den Portwein selbst aus – er muß ganz besondere Qualitäten haben, wenn ausgerechnet ein an Spitzenweinen so reiches Land, eine solch ausgewiesene Nation von Genießern seine eigenständige Art offensichtlich in besonderem Maße zu schätzen weiß. Seine Qualität als Getränk ebenso wie seinen Beitrag zu kulinarischen Kreationen: in der Haute Cuisine unserer Nachbarn hat der Portwein einen festen Platz; wohl nirgends sonst kommt mehr davon in Marinaden, Saucen oder Desserts zum Einsatz. Mittlerweile haben weitere Länder Portwein für sich entdeckt und die Briten überflügelt. Hauptabnehmer nach Frankreich sind heute die statistisch zusammen erfaßten Länder Belgien und Luxemburg, gefolgt von den Niederlanden. Großbritannien belegt demgegen-

Auf jeder Flasche Port: Qualitätssiegel

über nur noch Rang 4 (mit einer Abnahmemenge etwa in der Größenordnung des portugiesischen Inlandsmarktes). Die genannten Exportländer »schluckten« im Jahr 1995 insgesamt 84 Prozent der Port-Ausfuhren! Nach ihnen folgt lange nichts, bevor endlich Deutschland als fünftgrößter Exportmarkt in Erscheinung tritt – mit 3,6 Prozent Marktanteil bzw. knapp 29 000 Hektoliter in 1995. Dies bedeutet immerhin eine Steigerung von fast 5 Prozent gegenüber dem Vorjahr. Und es bedeutet immerhin deutlich mehr, als Länder wie die Schweiz (0,6 Prozent Markanteil mit 4614 Hektoliter) oder Österreich (0,1 Prozent Marktanteil bei 662 Hektoliter) im selben Jahr abgenommen haben.

Die Liebe zum Portwein mag zwar von Land zu Land sehr unterschiedlich ausgeprägt sein – insgesamt aber ist sie ein ausgesprochen europäisches Phänomen: Fast 95 Prozent aller Ausfuhren gehen in Länder der Europäischen Union und die EFTA-Staaten Schweiz, Norwegen und Island.

Die Internationalisierung der Absatzmärkte hat nicht etwa, wie man annehmen könnte, zu einer Anpassung an etwaige globale geschmackliche Markterfordernisse oder gar zu einer Nivellierung der Portwein-Stile geführt. Bei näherer Betrachtung zeigt sich, daß andere Länder nicht nur sprichwörtlich andere Sitten haben, sondern auch andere Portwein-Vorlieben: Gerade wichtige Märkte wie Begien/Luxemburg, Holland oder Frankreich nehmen (mit jeweils rund einem Drittel ihrer gesamten Portwein-Einfuhren) überproportional viel Faßware ab – Ports im unteren Qualitäts- und Preisbereich, die sich jedoch in manchen Ziellän-

HAUPT-EXPORTLÄNDER 1995

	Marktanteil	Menge/Hektoliter im Faß	in Flaschen	gesamt
Frankreich	40,7%	88 168	240 600	328 768
Belgien/Luxemburg	17,6%	57 109	85 415	142 524
Niederlande	14,3%	34 559	81 257	115 816
Großbritannien	11,4%	5773	86 635	92 408
Deutschland	3,6%	748	28 138	28 886
Dänemark	2,3%	1363	17 252	18 615
USA	2,3%	–	18 178	18 178
Italien	1,9%	–	15 720	15 720

dern offen, ob im Fachhandel oder der Gastronomie, leicht in größeren Mengen vermarkten lassen.
Zu diesen Ländern gehören vor allem auch Norwegen und die Schweiz, die jeweils sogar rund die Hälfte ihrer Importe faßweise beziehen. Andere Unterschiede in der Marktstruktur von Land zu Land betreffen die jeweils bevorzugten Portwein-Stile. In den meisten Ländern dominieren die Standardtypen Ruby und Tawny, was auch vom Preis her leicht nachvollziehbar ist. Andere Länder dagegen beziehen einen unvergleichlich höheren Anteil an speziellen Port-Typen: In Großbritannien und den USA bestehen bis zu 40 Prozent der Port-Einfuhren aus Vintages, LBVs, Colheitas & Co., in Kanada sind es gar an die 60 Prozent.
Bei dieser Detail-Betrachtung lohnt sich ein Blick auf den deutschen Markt. Deutschland schlägt, im Vergleich mit anderen Ländern, in dreierlei Hinsicht aus der Art: Erstens wird hierzulande kaum Faßware importiert – 1995 gerade einmal 748 Hektoliter, das sind 2,6 Prozent der Port-Einfuhren; in einer Zeit, in der Faßimporte edler Spirituosen, etwa von Whisky oder Obstbränden, im Getränkefachhandel durchaus als »trendy« gelten, scheint dieser Anteil durchaus steigerungsfähig, ohne die Menge des Flaschenabsatzes negativ zu beeinflussen.
Zweitens ist der Vintage-Anteil der in Deutschland gehandelten Ports weit unterproportional: Während etwa Amerikaner, Briten, Schweden, Schweizer oder auch die qualitätsbewußten Japaner,

die sich nicht nur für Standardqualitäten interessiern, besonders gerne zu den »Königen des Portweins« greifen, ist in unseren Breiten nur etwa jeder achte Spezialport ein Vintage – insgesamt sieht die Rechnung noch düsterer aus: 1994 beispielsweise waren von 27 650 Hektoliter Portwein, die nach Deutschland exportiert wurden, gerade mal 110 Hektoliter Vintages! Selbst unser kleines Nachbarland Dänemark bezieht etwa das Dreieinhalbfache der Vintage-Menge, die jährlich nach Deutschland geht ... eine Umrechnung auf den Pro-Kopf-Verbrauch würde den Unterschied noch krasser deutlich machen. Haben wir Deutschen nicht genügend Geduld, Weine jung zu kaufen, um sie über Jahre oder gar Jahrzehnte zu lagern, bis sie trinkreif sind? Vielleicht liegt es eher an der mangelnden Tradition – in England zum Beispiel, der zweiten Heimat des Port, ist es durchaus gute alte Sitte, wenn sich Nachwuchs einstellt das eine oder andere Kistchen desselben Jahrgangs anzuschaffen, um es erst bei Volljährigkeit des Sprößlings aufzumachen. Auch wenn sich dies in Deutschland nie im gleichen Maße durchsetzen wird – seit sich das Wertsteigerungspotential dieser Ports auch bei uns herumzusprechen beginnt, ist zumindest aus diesem Grund in den nächsten Jahren mit einer wachsenden Nachfrage nach Vintages zu rechnen. Auch dies würde sicherlich den übrigen Porteinfuhren kaum schaden.

Drittens fällt auf, daß wir Deutschen auch beim weißen Port weit hinterherhinken: Während er bei uns nur rund 6 Prozent der Einfuhren ausmacht, steht er in vielen Ländern weit höher im Kurs, ja selbst kühle Länder wie Dänemark oder Schweden geben ihm mit rund einem Drittel ihrer Importe die Ehre. Und dies einem Port-Typ, der gekühlt oder mit Eis einen geradezu idealen Aperitif oder Sommerdrink darstellt! Zweifellos steht er in Deutschland noch am Beginn seiner Entdeckung, wenn nicht seines boomartigen Durchbruchs. Sobald es so weit ist, wird die weiße Variante möglicherweise für viele »Einsteiger« Anstoß sein, sich gelegentlich auch den klassischen roten Sorten zuzuwenden ...

Aus diesen Überlegungen und einem offensichtlichen Trendpotential heraus wagen wir die Prognose, daß gerade in Deutschland – mit seinem individuellen »Nachholbedarf« – der Port, auch mit Hilfe der gehobenen Gastronomie, vor einem beachtlichen Wachstum steht. Von einer Renaissance, gar von einem »Boom« zu sprechen, dazu ist es freilich noch zu früh.

Blick auf Porto von Vila Nova de Gaia

Während wir uns die Frage nach »Port oder nicht Port« stellen, werden am Douro schon wieder die nächsten Weichen in die Zukunft gestellt. Erst 1986 erfolgte die letzte große, einschneidende Veränderung: Seither ist es nicht nur den Shippern, sondern auch den Quintas rechtlich möglich, Portwein selbst und direkt zu vermarkten. Gutsabfüllungen sozusagen, die nicht mehr an den traditionellen Weg über eine der Kellereien in Vila Nova de Gaia gebunden sind. In den letzten zehn Jahren gab es erste Ansätze, das neue Recht zu nutzen und in die Praxis umzusetzen – allerdings noch nicht in großem Maße, noch ist Vila Nova de Gaia eine feste Burg.

Das könnte sich allerdings auf längere Sicht durchaus ändern: Der Douro ist dank neuer Schleusen schon wieder auf weiten Strecken befahrbar – und weitergehende, von der Weltbank geförderte Baumaßnahmen sollen ihn schon in Kürze bis weit in den Osten der Region, fast bis zur spanischen Grenze hin, schiffbar machen, wo gleichzeitig neue Rebhänge erschlossen werden. Mit neuen, schnellen und kostengünstigen Transportwegen könnte auch ein Zug in Richtung des früher so schwer zugänglichen Hinterlandes einsetzen. Womit sich der Kreis der Zeitläufte schließen würde: noch in der Gegenwart zurück zum Transportweg der Vergangenheit, auf dem Weg in eine erfolgversprechende Zukunft.

Die Herstellung

Wer die Mach-Art, die Kunst der Herstellung des Port verstehen will, muß im wahrsten Sinne des Wortes an der Wurzel beginnen – dort, wo die Rebstöcke tief im kargen Boden gründen, an den steilen Ufern des Douro. Port ist Wein – seine Macher jedenfalls verstehen sich zuerst und vor allem als Kellermeister und Partner der Winzer. Und wie jeder Wein, so wird auch dieser von seiner Heimat geprägt, vom Klima, den Böden und Rebsorten, von den Traditionen und Zielvorstellungen der Weingärtner und Önologen. Wer wirklich ein Gefühl für die Besonderheiten des Weinbaus in dieser Gegend bekommen möchte, sollte sich als Tourist nicht mit dem Besuch von Portweinhäusern in Vila Nova de Gaia und einem Rundgang durch die weitläufigen Kellereien begnügen. Er sollte sich schon die Mühe machen, ins unwirtliche Douro-Tal vorzudringen, zu den Weingütern, den Quintas.

Historische Aufnahme aus den 30er Jahren: ein Barco Rabelo in den Stromschnellen zwischen Vila Nova de Gaia und den Weinbergen des Douro

Besuch auf einer Quinta

Im Gegensatz zu anderen Landesteilen wirken hier, im Douro-Tal, die Häuser und Anwesen stolz, schmuck, ja wohlhabend – die Handschrift von Generationen erfolgreicher Kaufleute, das Ergebnis von Mühen und Schweiß der portugiesischen Weinbauern. Von der Terrasse der Quinta de Vargellas aus sehen wir einer Handvoll von ihnen bei ihrer harten Arbeit in den Weinbergen zu. Es ist malerisch, das Panorama hier am oberen Douro, die steilen Rebhänge und die Flußbiegung unter strahlend blauem Himmel. Malerisch, ohne jeden postkartenhaften Kitsch – eine widerspenstige, schroffe Landschaft, der man ihre Rebterrassen und ihre Fruchtbarkeit sichtlich abringen mußte.
Was sich bezahlt gemacht hat: Die paar Hektar rund um die Quinta de Vargellas gehören zu den wertvollsten Pflanzungen der Welt – hier entsteht der auf Londoner Weinauktionen zu Rekordpreisen gehandelte »Vintage Port« des Hauses Taylor, Fladgate & Yeatman. Jahrgangs–Portwein höchster Qualität, der jedoch nur in außergewöhnlich guten, herausragenden Jahren »erklärt« wird, wie man hier sagt. Aus der Lese eines »nur« durchschnittlichen, weniger denkwürdigen Herbstes wird »Single Quinta Port«, also

Eine der besten und berühmtesten Quintas: Vargellas

unverschnittener Portwein einer ganz bestimmten Herkunft, einer ganz bestimmten Quinta.
Die Quinta de Vargellas ist nicht die einzige, die (übrigens seit 1893) zum Grundbesitz von Taylor, Flatgate & Yeatman gehört. Aber sie ist ihr Prachtstück und ganzer Stolz. Mit Frühlingsbeginn, wenn es an die Vorarbeiten für den neuen Jahrgang geht, sind auch Alistair Robertson – Nachfahre des Firmengründers Morgan Yeatman und einer der Inhaber des renommierten Porthauses – und seine aus englischem Adel stammende Frau Gillyane wieder häufig auf Vargellas zu finden. Ihr Stadthaus in Porto, ein klassisch britisch ausgestattetes ehemaliges Kloster, wird dann bestenfalls noch unter der Woche genutzt. Zumindest am Weekend zieht es die beiden hinaus zur Keimzelle des Taylor-Renommées. Nicht selten mit Gästen im Schlepptau.
Zwar liegen nur gut 150 Kilometer zwischen der weltoffenen Stadt an der Douromündung und dem Weingut im rauhen Hinterland. Doch das bedeutet vier Stunden Autofahrt über immer holpriger werdende Pisten. Welten liegen zwischen der südländischen Eleganz der Hafenstadt und dem bergig-rauhen Landstrich an der Grenze zur spanischen Provinz Leon – Einsamkeit total.
Wenig hat sich hier verändert seit dem 17. Jahrhundert, als die ersten Porthandelsherren auf abenteuerlichen Wegen per Schiff, Eselskarren oder zu Pferde den Douro hinaufgezogen kamen, um Wein zu kaufen. Auch heute noch ist kein Dorf in der Nähe, kein noch so kleiner Laden hilft bei der Versorgung der Quinta, selbst das Brot muß in zweistündiger Zugfahrt aus dem Kleinstädtchen Pinhao herbeigeschafft werden. Vieles kommt auf diesem Weg auch aus Porto, von wo aus sich die Einspur-Bummelbahn durch zahllose Tunnels und Kehren nach Vargellas schlängelt. Höchstgeschwindigkeit 25 Meilen.
Inmitten dieser Abgeschiedenheit wirkt Gillyane Robertson wie von einem anderen Stern. Als Generalstochter, deren Jugend sich auf so entlegenen Außenposten des Britischen Empire wie dem Sudan abgespielt hat, ist sie jedoch an außergewöhnliche Umstände gewöhnt. Mit Talent zur Improvisation hat die resolute Dame der Quinta ihren Stempel aufgedrückt – Vargellas, eine gelungene Synthese aus portugiesischem Bauernleben und komfortablem britischen Kolonialstil. Der erste Komfort, den sie hierher brachte, war elektrischer Strom – 1972 war das. Zug um Zug hat

sie seither das strahlend weißgetünchte, klassizistische Haupthaus zu einem Schmuckstück von Herrenhaus erweitert und modernisiert, eine Terrasse mit Portico angebaut, ein Schwimmbecken mit Panoramablick über Fluß und Rebhänge hinzugefügt. Früher hatten sich die Gäste im Fluß erfrischt, »in der etwas zweifelhaften Gesellschaft von Wasserschlangen«, wie Mrs. Robertson süffisant bemerkt.

Keine Veränderungen dagegen haben Alistair Robertson und sein Partner und Kellermeister Bruce Guimaraens, Nachkomme der Familie Fladgate, in der Kellerei zugelassen. Wie vor Jahr und Tag werden bei der Weinlese im Herbst die Trauben abends von barfüssigen Arbeitern und Pflückerinnen in altmodischen Kelterbecken getreten. Oder besser: »zertanzt«, zu alten Volksliedern von der neuen E-Orgel. Feststimmung, bei der man die Anstrengung nicht so merkt. Keine Folklore-Show für Touristen, sondern tägliche Übung. Auch wenn es seit langem moderne mechanische Pressen gibt, wird das Qualitätsziel hier weiter »zu Fuß« erreicht: »Das ist schließlich die sanfteste Behandlung – auf diese Weise kommen so gut wie keine Bitterstoffe aus den Schalen und Kernen in den Wein«, erklärt Alistair den Verzicht auf moderne Keltermethoden. Gillyane leidet unterdessen mit jedem Spritzer, der im Zuge des fröhlichen Treibens daneben geht. Schließlich gehören die kleinen Mengen des hier in den besten Jahren produzierten Vintage Ports zu den größten Kostbarkeiten der Weinwelt. Später, beim Abendessen auf der romantisch kerzenbeschienenen Terrasse, bei einem Glas zwanzigjährigem Tawny Port, spricht der hochgewachsene Brite Alistair Robertson von seinen Hoffnungen: »Solange der Portwein ein beliebter Klassiker bleibt und sich das Beharren auf Qualität bezahlt macht, solange wird Taylor's als alteingesessenes Portweinhaus ein reiner Familienbetrieb bleiben können. Und unsere Kunden können sicher sein, Weine mit Stammbaum zu erwerben – dafür stehen wir und unsere Partner.« Ein Stammbaum, der seine Wurzeln in England hat. Und in sehr viel Tradition.

Aus Trauben wird Wein

Der Name des Port erinnert an Porto, die Hafenstadt, von der aus diese portugiesischen Weinspezialitäten in Kisten und Fässern in alle Welt verschifft werden. Am Porto gegenüber liegenden Douro-Ufer, zwischen den steilen, winkligen Gassen von Vila Nova de Gaia, liegt die Kinderstube der weitaus meisten Portweine. Ihr Geburtsort jedoch – ihre Heimat, in der sie wurzeln – ist das Douro-Tal. Der Weinbau beginnt erst rund 100 Kilometer östlich von Porto, bei Barqueiros, und erstreckt sich von dort über ein Gebiet, das bis fast an die portugiesisch-spanische Grenze reicht – mehr als 100 Kilometer weit, bis zum grenznahen Ort Mazouco. Auf dieser Strecke reichen die Weinberge bis weit ins Gebiet der linken und rechten Douro-Nebenflüsse, wobei die größte Nord-Süd-Ausdehnung allerdings nur etwa 24 Kilometer beträgt. Ein großer Teil dieser Landschaft wirkt unwirtlich. Hier und da Büsche, Pinien oder Mandelbäume, kleine Wälder oder Olivenhaine bieten dem Auge gelegentlich etwas Abwechslung. Etwas so Fruchtbares und Buntes wie Obstgärten findet man allerdings nur nahe am Wasser, und selbst dort eher selten. Gut ein Zehntel dieses etwa 240 000 Hektar großen Gebiets ist dafür mit Reben bepflanzt – 85 000 Weinbergslagen, die von fast 30 000 Winzern und ihren Familien bewirtschaftet werden.

Ein hartes Brot, denn diese karge Landschaft ist in mindestens zweierlei Hinsicht einzigartig: wegen ihrer Topographie und ihres Klimas. Als erstes fallen die steilen Hänge auf – mit einem Gefälle, das meist zwischen 35 und 70 Prozent liegt. Wer gelegentlich mal einen sanften Hügel hinaufjoggt und schon dabei an seine Grenzen stößt, kann sich kaum vorstellen, was es bedeutet, hier im Herbst Wein zu lesen: Harte Knochenarbeit, von früh bis spät. Gar nicht zu denken an die Mühen, ja Leiden, die es in den Anfangszeiten gekostet haben muß, hier überhaupt Wein anbauen zu können – er wuchs ja nicht von allein. Rebterrassen mußten angelegt, Steinmauern aufgeschichtet, Böden urbar gemacht werden. Und das alles mit primitivsten Hilfsmitteln.

Pflücken – traditionell Frauensache ...

Die Ufer des Douro sind jedoch nicht nur steil, sondern auch in geologischer Hinsicht bemerkenswert: Das Gestein besteht vorwiegend aus Schiefer, der von Granit umgeben ist. Das allein wäre noch nichts Einzigartiges. Das »Geheimnis« liegt im Verlauf der Schieferplatten – überall sonst, rund um den Globus, brechen sie in horizontaler Richtung. Nur hier, am Douro, sind sie in einem Winkel von 60 bis 90 Grad zum Erdinneren hin ausgerichtet, wie durch Titanenhand von schräg oben in den Boden gerammt.
Schiefer ist ein guter Unterboden: Er schützt tagsüber vor allzu sengender Sonne und gibt die gespeicherte Wärme nachts wieder an die Reben ab, die in diesem steinigen Boden extrem tiefe Wurzeln ausbilden müssen, um Nahrung und Wasser zu finden – oft 20 Meter und mehr.
Eine Überlebens-Notwendigkeit, die auch mit den klimatischen Besonderheiten der Region zu tun hat. Regenreiche und teilweise sehr kalte Winter, im Wechsel mit extrem heißen, oft sehr trockenen Sommern. 40 Grad Celsius im Schatten – vorausgesetzt man findet Schatten – sind hier keine Seltenheit. Eine Hitze, die

manchmal bis in die Lesezeit reicht. Glücklicherweise sorgt gelegentlich kurz zuvor ein Schauer für Erholung und einen letzten Schub zugunsten der Traubenqualität. Dieses spezielle Klima ist Bergzügen im Westen zu verdanken, die das Douro-Tal vor atlantischen Winden schützen. Man kann die Region aber auch differenzierter betrachten und, klimatisch wie geologisch, in zumindest drei unterschiedliche Zonen unterteilen:

Baixo-Corgo

Das Gebiet des unteren Douro erstreckt sich vom Westen bis zur Corgo-Mündung. Hier sind die Weinberge weniger steil und lassen sich zu einem größeren Prozentsatz maschinell bearbeiten. Die Erdschicht auf dem Schiefer ist tiefer und fruchtbarer, und hier fällt auch, dank des noch spürbaren atlantischen Einflußes, im Jahresmittel etwas mehr Regen als in den weiter östlich gelegenen Landstrichen – insgesamt also weit bessere Produktionsbedingungen als im Durchschnitt. Von hier stammt etwa die Hälfte aller Portweine, in der Regel die leichteren und weniger charaktervollen Sorten.

Cima-Corgo

Das Herz des Douro-Tals, das zwischen der Corgo-Mündung und der Schlucht Cachao de Valeira schlägt, rund um die Stadt Pinhao, das regionale Handelszentrum. Hier ist das Flußtal so, wie man es sich vorstellt: trockener und heißer als die Nachbargegend, steil, felsig, karg und unnahbar schön. Und hier liegen auch die berühmtesten Quintas, auf denen von jeher die besten Portweine entstehen. Gut ein Drittel der Weine stammen aus dem Cima-Corgo.

Douro Superior

Die dritte Unterregion reicht im Osten bis an die spanische Grenze. Hier werden die Hügel wieder sanfter. Das Klima allerdings ist unerbittlich und noch trockener als das Cima-Corgo. Dafür kann gerade dieses unwegsame Gebiet oft herausragende, intensive, extraktreiche Weine liefern – vorausgesetzt man gibt den Reben genügend Zeit, alt und knorrig zu werden und ihre Wurzeln ganz tief in den ausgedörrten Boden zu strecken. Noch stammen erst etwa 13 Prozent der Weine vom oberen Douro, doch dieser Anteil dürfte bald zunehmen: Mit Blick auf die Wiederbelebung des Douro als Transportweg bis weit in seinen Oberlauf wird hier derzeit kräftig auf die Zukunft gebaut.

... Körbe schleppen – Männersache

Wenn wir schon dabei sind zu differenzieren: Die gesetzlich festgelegten und kontrollierten Anbaugebiete für Portwein sind auch nach ihrem Qualitätspotential unterteilt. Jeder Weinberg ist einer bestimmten Güteklasse zugeteilt, wobei die Kategorien in sechs Stufen von A bis F reichen. Für jede so eingeordnete Weinlage wird in jedem Jahr eine bestimmte Höchstmenge an Wein festgelegt, die maximal für Port produziert werden darf. Die Festlegung erfolgt durch die Casa do Douro, die Kontrollbehörde der Winzer, nach Vorgabe der Gesamtmenge durch das IVP in Porto. Hand in Hand nehmen beide Behörden auf diese Weise Einfluß auf die Qualitäts- und Mengenpolitik und mithin auf die Preisentwicklung im Hinblick auf die Entwicklung der Märkte.
Den Pflückerinnen und Weinbergsarbeitern ist das alles relativ gleichgültig. Sie wissen, daß Mitte bis Ende September die Lese beginnt und daß es drei bis fünf Wochen lang hart wird, wie jedes Jahr. Motto: Die Frauen pflücken, die Männer schleppen. Was sie im Schweiße ihres Angesichts ernten, ist ein Sammelsurium an Rebsorten – bei weniger qualitätsorientierten Gütern soll es durchaus vorkommen, daß verschiedene Sorten bunt durcheinander im selben Weinberg wachsen, ohne daß der Winzer wesentlich mehr als »rot« oder »weiß« dazu angeben kann. Dennoch ha-

ben sich, wenn man die gesamte Anbauregion betrachtet, unter fast hundert existierenden und rund vierzig für Port zugelassenen Sorten einige führende herauskristallisiert, die meist auch rebsortenrein ausgepflanzt sind:

Touriga Nacional

Eine alte, dank Farb- und Aromaintensität für Port ideale Rotweinrebsorte, auch wenn sie mengenmäßig eine relativ geringe Ausbeute bringt. Wächst überall, auch bei extremer Trockenheit. Ergibt fruchtige (Beeren, Cassis) und animalische Aromen (Moschus, Wild). Komplexe, elegante, tannin- und säurereiche Weine.

Tinta Roriz

Entspricht der bekannten spanischen Sorte Tempranillo. Widerstandsfähig, bei guter Quantität und Qualität, aber leichter als Touriga Nacional. In Duft und Geschmack nach Kräutern oder Blumen, viel Frucht und Tannin. Sehr kraftvoll und ungestüm.

Tinta Barroca

Frühreife Sorte, die wenig Sonne verträgt, dafür gerne in schattigen und höheren Lagen wächst und viel Alkohol liefert. Sehr sanfte, zarte, recht süße Weine mit eleganter Frucht.

Tinto Cáo

Uralte, sehr widerstandsfähige Rebsorte, die geringen Ertrag, aber individuelle Qualitäten zum Portwein beiträgt – je nach Standort liefert sie florale bis würzige Weine.

Touriga Francesa

Eine autochthone Rebsorte, die viel Wärme braucht. Diese floralste unter den führenden Sorten verleiht dem Port oft ein Rosenaroma, neben erdigen Tönen im Geschmack.

Lesezeit – Wochen harter Arbeit

Wichtige Portwein-Rebsorten

(alphabetische Reihenfolge)

Rot

Bastardo
Donzelinho
Mourisco Tinto
Sousáo
Touriga Francesca
Touriga Nacional
Tinta Amarela
Tinta Barroca
Tinta Cáo
Tinta Roriz

Weiß

Codega
Donzelinho Branco
Esgana-Cáo
Folgazáo
Gouveio
Malvasia Fina
Malvasia Rei
Moscatel
Rabigato
Viosinho

Die meisten am Douro angebauten und für Portwein verwendeten Rebsorten sind nicht spanische, aber sozusagen »portugiesische Dörfer« für den Rest der Weinwelt – einheimische Sorten, die sich in der Abgeschiedenheit dieses Tals in Jahrhunderten entwickelt und an die Gegebenheiten der Region angepaßt haben. Wenn die Weinbergsarbeiter das Traubengut Korb für Korb oder, wo es möglich ist, mit Traktoren Anhänger für Anhänger in der Quinta oder einer der Zentralkellereien anliefern, kommt der Kellermeister ins Spiel. Er sorgt für schnelle, saubere Verarbeitung, die zum Ziel hat, in kurzer Zeit viel Farbe und Tannin aus den Trauben zu holen. Früher war es üblich, sie mit Stielen und Stengeln in niedrige Steintröge oder -wannen zu kippen – sogenannte Lagares, in denen die Weinbergsarbeiter abends, knietief im roten Traubenbrei watend oder tanzend, ihr Lesegut mit den Füßen zertraten. Insgesamt wird nur noch etwa ein Prozent der gesamten Weinproduktion auf diese Weise eingemaischt, wenngleich der Anteil bei den in diesem Guide vertretenen Ports höher liegen mag. Es sind oft die herausragenden Quintas, die an dieser traditionellen Methode festgehalten haben, in der Überzeugung, es sei die schonendste. Oder aber Quintas, die häufig Besucher empfangen, denen etwas fürs Auge geboten werden soll, während der Großteil des Traubenguts längst modernere Anlagen durchläuft.

Fröhliche Stimmung beim Trauben-Treten

Es gibt heute alle denkbaren Formen von Pressen in der Region, Systeme, die ebenfalls sehr schonend arbeiten. Eine interessante, fast ausschließlich hier angewandte Variante ist die sogenannte Autovinifikation. Sie wurde vor allem auch deshalb gerne eingesetzt, weil sie weder Arbeitskräfte noch Energie benötigt – und die Elektrizität hat im Hinterland auch heute noch nicht überall Einzug gehalten. Die Autovinifikation geschieht in (teilweise gekühlten) Edelstahltanks und vollzieht sich selbsttätig, wie von Zauberhand: Im geschlossenen Tank gärt das Traubengut und bildet Kohlendioxid – der entstehende Druck wird genutzt, um den Saft immer wieder in einen oben befindlichen Behälter zu treiben, von wo aus er über die oben schwimmenden Traubenschalen gesprüht wird. Dieser Kreislauf wird gestoppt, wenn der Kellermeister der Ansicht ist, daß genügend Zucker in Alkohol umgewandelt wurde und der Wein ausreichend Farbe und Tannine enthält. Der ganze Prozeß dauert zwischen ein und drei Tagen.
Anschließend wird der Wein (gleichgültig, auf welche Weise er vinifiziert wurde) abgepumpt und 77prozentiger Neutralalkohol zugegeben, wodurch die noch nicht ganz abgeschlossene Gärung gestoppt wird – das Ergebnis ist ein Kompromiß aus hoher Restsüße einerseits und alkoholischer Kraft andererseits. Die aufgespriteten Weine verbleiben meist noch einige Monate in Zwi-

Zwischenlager am Douro-Ufer

schenlagern, bevor sie ihre Reise zur Weiterverarbeitung nach Vila Nova de Gaia antreten.

Noch ein Wort zum verwendeten Branntwein: Er wurde früher in Portugal selbst produziert und ausschließlich von der Monopolbehörde Casa de Douro bezogen. Längst jedoch stammt er zumeist aus anderen EU-Ländern, oft aus Frankreich. 1992 wurde auch das Branntweinmonopol durch die EU aufgehoben – heute kann jeder Portweinerzeuger 77prozentigen Alkohol beziehen, wo er möchte, auch wenn sich die weitaus meisten immer noch an die Casa de Douro halten. Doch vielleicht bringt das neue EU-Recht auf längere Sicht Bewegung in die Branntwein-Thematik: Dem hochprozentigen Stoff wurde bisher wenig Beachtung geschenkt; alle verwenden den gleichen Branntwein aus derselben Quelle und haben sich auf die Meinung festgelegt, er schmecke absolut neutral. Das ist nicht der Fall: Er trägt durchaus noch eine leichte, weinige Note und ist, wenn auch nur in geringem Maße, in der Lage, die Aromen des Weins zu beeinflussen. Mit den liberalisierten Bezugsmöglichkeiten wird man künftig vielleicht genauer hinschmecken, individueller und gezielter einkaufen – am IVP laufen jedenfalls bereits Versuche, die dem Einfluß des Branntweins erstmals auf den Grund gehen …

AUS WEIN WIRD PORT

Im Grunde handelt es sich bei den Weinen, die vom Douro nach Vila Nova de Gaia gebracht werden, bereits um Portwein. Und doch wieder nicht: Bevor wirklich Port daraus wird, braucht es noch viel Geduld, Erfahrung und Geschick der Kellermeister, die das Rohmaterial erst veredeln.

Wer sich die »Lodges«, die oft riesigen Lagerhallen der Portwein-»Shipper« einmal ansehen möchte, bekommt als erstes Porto zu Gesicht. Die mit 400 000 Einwohnern zweitgrößte Stadt in Portugal ist beileibe nicht nur mit Portwein beschäftigt. Porto ist ein quirliges Industrie-, Handels-, Dienstleistungs- und Verwaltungszentrum. Und nicht zuletzt auch ein lohnendes Reiseziel für Touristen. Die schönste Sehenswürdigkeit Portos, soweit der Abstecher doch etwas mit Portwein zu tun haben soll, ist der Solar do Vinho do Porto, eine herrschaftliche Villa in einem romantischen Park, in der König Viktor Emanuel von Italien Anfang des Jahrhunderts im Exil lebte. Heute befindet sich in der Beletage ein Museum, im Erdgeschoß eine Probierstube des IVP. Hier lassen sich zahllose Ports verkosten, von Standardqualitäten bis hin zu Raritäten, allesamt zu erschwinglichen bis konkurrenzlos niedrigen Preisen. Sie sollten in der warmen Jahreszeit kommen, wenn man in der frischen Luft, schattig unter Arkaden, im schön gestalteten Garten mit der Terrasse zum Fluß sitzen kann. Und Sie sollten Zeit mitbringen, da man sich von hier schlecht losreißen kann. Taxifahrten sind in Portugal übrigens sehr preiswert...

Der Kellermeister: Wächter über edle Weine

Vom Solar aus bietet sich ein schöner Blick hinüber zum anderen Douro-Ufer. Dort, vor Vila Nova de Gaia, dümpeln die alten Bar-

Faßlager in Vila Nova de Gaia

cos Rabelos, Lastkähne, mit denen die Weine früher den Fluß hinunter zu den Kellereien gebracht wurden. Sie sind nur noch eine Reminiszenz, eine Touristenattraktion, aber sie gehören so unverzichtbar zum Stadtbild wie die riesige Eisenbrücke, die sich hoch über den Douro spannt und Porto mit Vila Nova verbindet. Einmal drüben, geht es dort stellenweise eng zu: schmale und steile gepflasterte Gassen mit unübersichtlichen Kurven, durch die sich Lastwagen quälen, um junge Weine anzuliefern oder ausgereiften Port abzuholen. Hier, in den Lodges, lagern die Weine – solche eigener Weinberge und/oder von Winzern zugekaufte Weine – in Eichenfässern, bevor der Kellermeister aus verschiedenen Lagen und Jahrgängen Cuvées komponiert.

Die kühlen, teils weit in den Fels getriebenen Keller und die hohe Luftfeuchtigkeit an der Küste bieten beste Voraussetzungen für eine lange und sorgfältige Reifung. Dazu gehört auch, daß den Eichenfässern großes Augenmerk geschenkt wird: Manche Lodge verfügt über eine eigene Küferei, viele zumindest über eine eigene Küferwerkstatt, um die oft über Generationen verwendeten Fässer selbst zu warten und zu reparieren.

So verwirrend wie die Vielzahl der Fässer ist für manchen die Vielfalt der produzierten Portwein-Typen (siehe Kasten S. 40/41). Dabei ist es gar nicht so schwierig, einen Überblick zu gewinnen: Zunächst einmal muß man unterscheiden zwischen Qualitäten, die vollständig im Faß ausreifen, und solchen, die nur kurz im Faß lagern, um schließlich in der Flasche weiter ihrem Höhepunkt entgegenzureifen, wie ein Vintage oder Late Bottled Vintage. Komplizierter und schwerer zu verstehen ist die Reihe der faßgereiften Ports, die bereits nach ihrer Abfüllung trinkreif sind. Diese nach Alter gestufte Reihe beginnt mit dem jungen Ruby. Im Unterschied dazu werden für einen Tawny – ob mit oder ohne Altersprädikat – tanninreichere Weine gewählt, die länger gelagert wurden und dem Port unter anderem eine hellere Farbe verleihen.

Starke Typen

Unterscheidungskriterien der Portwein-Qualitäten bzw. -stile: verschnitten oder unverschnitten, mit Jahrgang oder ohne, kurze oder lange Reife im Faß oder in der Flasche...

White Port

Meist 24 Monate tank- oder faßgelagerte Verschnitte unterschiedlichen Restzuckergehalts von süß bis trocken; Alkohol 17–20 %vol.

Ruby Port

Verschnitt, meist im Durchschnitt 3 Jahre faßgereift; der Name bezieht sich auf die typische rubinrote Farbe.

Tawny Port

Das englische »tawny« bedeutet übersetzt »lohfarben« – längere Faßlagerung, aber auch die Verwendung leichterer Rotweine (oder geringer Weißweinanteile) im Verschnitt, führen zu einer helleren Farbe; hier erinnert sie an Zwiebelschalen, nach einer Lagerung von mindestens drei, oft auch fünf und mehr Jahren. Ältere Tawny Ports dürfen auch Altersangaben tragen; erlaubt sind diese »Dated Ports« in den Stufen 10, 20, 30 bzw. über 40 Jahre, auf dem Etikett muß auch das Abfüllungsjahr angegeben sein.

Vintage Port

Nur in sehr guten Jahren mit herausragender Traubenqualität wird dieser Jahrgangs-Port »erklärt«, nach Prüfung und Genehmigung durch das Portwein-Institut. Meist ein Verschnitt aus verschiedenen Lagen, die Grundweine stammen jedoch ausschließlich aus dem angegebenen Erntejahr. Abfüllung nach 2 bis knapp 3 Jahren Faßreife; der Wein reift in der Flasche weiter.

Single Quinta Vintage

Entpricht einem Vintage Port, jedoch ausschließlich aus Grundweinen eines bestimmten Weingutes.

Vintage Character

Port-Verschnitt verschiedener Jahrgänge, im Durchschnitt 5 Jahre gereift – mit den Grundcharakteristika eines Vintage Port, jedoch trinkreif.

Late Bottled Vintage (LBV)

Auch fast ein Vintage: spät auf Flaschen abgefüllter Jahrgangs-Portwein aus einem guten Erntejahr, 4–6 Jahre Faßlagerung; früher trinkbar als Vintage Port.

Colheita

Ein Tawny-Typ, jedoch aus einem bestimmten, guten Erntejahr und mindestens sieben Jahre faßgereift.

Crusted Port

Verschnitt aus hochwertigen Grundweinen verschiedener Jahrgänge; da sie ungefiltert abgefüllt werden, bilden sie in der Flasche ein Depot (»crust«).

Ein Vintage Character wiederum ist nichts anderes als ein Premium-Ruby, mit der Besonderheit, daß er die Charakterzüge eines Vintage tragen soll. Der Late Bottled Vintage dagegen ist ein Jahrgangs-Port und entspricht in etwa einem etwas länger faßgelagerten Vintage, wie auch der Tawny-Typ Colheita, der noch länger im Faß reift...

Die besten Vergleiche erhält man jedoch, wenn man die verschiedenen Grundtypen selbst durchprobiert. Wer das gelegentlich tut, womöglich in einer Parallelverkostung, wird sich sehr schnell auskennen.

Der »einfachste« Portwein-Typ ist aus Sicht des Kellermeisters der Vintage – und doch gilt er als »König der Ports«. Im Durchschnitt erreichen nur rund zwei Prozent der Portwein-Produktion diese höchste Qualitätsstufe. Wegen der hohen Anforderungen wird auch nicht in jedem Jahr ein Vintage »erklärt« (also beim IVP ein-

ANZAHL DER DEKLARIERTEN VINTAGES AUS DEN JAHRGÄNGEN 1955–1993

1955: 23	1965: 10	1975: 34	1985: 46
1956: 0	1966: 29	1976: 3	1986: 5
1957: 11	1967: 16	1977: 33	1987: 30
1958: 21	1968: 3	1978: 27	1988: 5
1959: 0	1969: 1	1979: 13	1989: 19
1960: 41	1970: 41	1980: 31	1990: 10
1961: 4	1971: 0	1981: 1	1991: 41
1962: 6	1972: 6	1982: 39	1992: 21
1963: 44	1973: 0	1983: 36	1993: 1
1964: 10	1974: 11	1984: 15	

Quelle: Instituto do Vinho do Porto

gereicht, geprüft und genehmigt), und auch in einem Vintage-Jahr nicht von jedem Erzeuger. Einmal deklariert, ist die Sache für den Kellermeister recht simpel – hier braucht es nicht viel Geduld, hier ist nichts zu komponieren und zu verschneiden: Nach etwa zwei Jahren im Faß (zwischen dem 1. Juli des zweiten und dem 1. Juni des dritten Jahres nach der Ernte) wird abgefüllt, und der Vintage kann in den Verkauf gehen. Das »Problem« – aber damit auch die Faszination – hat der Verbraucher: Bei ihm muß der Vintage ausreifen, was leicht 10, oft 20, manchmal bis zu 50 Jahren und länger dauern kann. Dennoch oder gerade deswegen erfreuen sich Vintages weltweit wachsender Beliebtheit.
Für Interessierte lohnt sich ein Blick auf die Liste mit der Anzahl deklarierter Vintages in den letzten Jahrzehnten, oder auch das Studium der Tabelle mit den Vintages wichtiger Erzeuger. Auf Angaben aus der ersten Hälfte dieses Jahrhunderts haben wir verzichtet – solche Methusalem-Vintages sind ohnehin praktisch nicht mehr im Handel. Nur so viel sei gesagt: Die herausragenden Jahrgänge aus dieser Zeit waren 1908, 1912, 1927 und 1935.
Nach 1955 war das bisher beste Vintage-Jahr 1985, gefolgt von den Jahren 63, 60, 70 und 91; als sehr gut erwiesen sich auch die Erntejahre 82, 83, 75, 77, 80 und 87.
Totalausfälle dagegen gab es nur in den Jahren 1956, 59, 71 und 73. In drei Jahrgängen wurde jeweils nur von einem einzigen Erzeuger ein Vintage erklärt: 1969 nur von Taylor, Fladgate & Yeatman, 1981 von der Quinta do Infantado und 1993 von der Quinta da Romaneira. Dies zeigt, daß auch in allgemein schwachen Jahren einzelne Lagen überragende Weine hervorbringen können. Und umgekehrt muß man sich damit abfinden, daß auch in generell guten Jahren hier und da weniger gute Ports produziert werden. Man sollte sich hüten, aus einem erstklassigen Vintage-Jahr etwa generelle Rückschlüsse auf die Qualität anderer Jahrgangsports selben Datums zu ziehen.

Vintages bedeutender Erzeuger 1955–1973

	55	56	57	58	59	60	61
Andresen							
Barros	○		○	○		○	
Burmester				○		○	
Cálem	○			○		○	
Champalimaud							
Churchill Graham							
Cockburn Smithes	○					○	
Delaforce	○			○		○	
Dow's (Silva & Cosens)	○					○	
Ferreira	○			○		○	
Feuerheeerd			○	○		○	
Fonseca Guimaraens				○		○	○
Gilberts						○	
Graham	○					○	
Hunt				○		○	
MacDuffs (C. da Silva)							
Messias						○	
Nieport	○					○	
Noval						○	
Offley (Forrester)	○					○	
Osborne						○	
Pocas Junior						○	
Quarles Harris						○	
Ramos Pinto						○	
Real Companhia	○			○		○	
Romaneira							
Rosa							
Rozés							
Sandeman	○		○	○		○	
Smith Woodhouse						○	
Taylor, Fladg. & Yeatman	○		○	○		○	○
Vesuvio							
Viera de Souza							
Warre	○			○			
Wiese & Krohn			○	○		○	○

62	63	64	65	66	67	68	69	70	71	72	73
	○			○				○			
	○		○	○				○			
	○	○						○			
	○			○				○			
	○				○			○			
	○			○				○			
	○			○				○		○	
	○			○				○			
	○			○				○			
○	○	○	○	○	○	○		○		○	
	○	○									
	○			○				○			
				○							
	○							○			
	○	○	○	○	○			○			
	○			○				○			
○	○	○		○	○			○			
○	○			○	○			○		○	
								○			
	○	○						○			
	○			○				○			
	○	○						○			
○	○				○			○			
	○				○						
○	○		○	○	○	○		○		○	
	○			○				○			
	○	○	○	○	○	○	○	○		○	
			○					○			
	○			○				○			
	○		○		○			○			

Quelle: Instituto do Vinho do Porto

VINTAGES BEDEUTENDER ERZEUGER 1974–1993

	74	75	76	77	78	79	80	81
Andresen						○		
Barros	○	○		○	○	○	○	
Burmester				○			○	
Cálem		○		○			○	
Champalimaud								
Churchill Graham								
Cockburn Smithes		○						
Delaforce	○	○		○	○		○	
Dow's (Silva & Cosens)		○		○			○	
Ferreira		○		○	○		○	
Feuerheerd	○			○	○		○	
Fonseca Guimaraens	○	○	○	○	○		○	
Gilberts								
Graham		○		○			○	
Hunt								
MacDuffs (C. da Silva)				○	○			
Messias		○	○	○	○	○	○	
Nieport		○		○	○		○	
Noval		○			○		○	
Offley (Forrester)		○		○			○	
Osborne								
Pocas Junior		○		○	○			
Quarles Harris		○		○			○	
Ramos Pinto		○		○				
Real Companhia				○	○	○	○	
Romaneira								
Rosa								
Rozés				○	○			
Sandeman	○	○		○	○		○	
Smith Woodhouse		○		○			○	
Taylor, Fladg. & Yeatman	○	○	○	○	○		○	
Vesuvio								
Viera de Souza	○	○		○	○	○	○	
Warre		○		○			○	
Wiese & Krohn		○			○			

82	83	84	85	86	87	88	89	90	91	92	93
			○								
○	○		○		○		○		○		
		○	○				○		○	○	
○	○	○	○	○	○	○	○	○	○	○	
○							○				
○	○	○	○	○	○		○	○	○	○	
	○		○		○				○	○	
○	○	○	○		○				○	○	
	○		○						○	○	
○	○		○		○			○	○		
	○		○		○		○		○		
	○	○	○	○	○	○			○	○	
			○						○	○	
	○		○						○	○	
					○						
○	○		○		○				○		
○	○	○	○				○				
○	○		○		○				○	○	
○	○	○	○		○				○		
○	○		○		○		○				
○			○						○	○	
○	○		○					○	○		
	○		○						○		
○	○	○	○						○		
○	○	○	○		○						
○		○	○		○			○		○	○
						○		○	○	○	
○	○		○		○				○		
○			○			○					
	○		○						○	○	
○	○	○	○	○	○	○			○	○	
							○	○	○	○	
○	○		○		○		○		○		
	○		○						○	○	
○		○	○						○		

Quelle: Instituto do Vinho do Porto

Barcos Rabelos vor Vila Nova de Gaia

Benutzungshinweise

Im folgenden Hauptteil dieses Guides finden Sie zahlreiche Portwein-Erzeuger und viele ihrer Produkte. Bei der Auswahl haben wir uns bemüht, neben den wichtigen Standardqualitäten auch seltenere, manchmal ungewöhnliche Sorten vorzustellen, um so zu einer vielfältigen, bunten Palette zu kommen. Hierunter sind auch einige Quintas vertreten, die zu großen Portweinhäusern gehören, deren Weine jedoch teilweise auch gesondert, unter dem Namen der Quinta, zu Port verarbeitet und vertrieben werden – der Übersichtlichkeit halber haben wir diese Quintas nicht alphabetisch in das »A bis Z« eingereiht, sondern an das jeweilige Mutterhaus angefügt. Zahlreiche andere Quintas werden in den Texten erwähnt, ohne gesondert vorgestellt zu werden. Manche davon sind jedoch sehr bekannt, könnten in der Literatur oder auf alten Flaschenetiketten auftauchen. Daher haben wir diese Namen im Register unter dem Stichwort »Quintas, weitere erwähnte« zusammengefaßt – die angegebenen Seitenzahlen erlauben einen schnellen Zugriff auf das Mutterhaus, zu dem die jeweilige Quinta heute gehört. Auch Leser, die gezielt Beschreibungen bestimmter Portwein-Typen – etwa Vintages – nachschlagen möchten, finden im Register entsprechende Seitenangaben zusammengefaßt.

Auf das Verteilen von »Punkten«, »Sternen« und andere denkbare Formen der Bewertung haben wir bewußt verzichtet. Zum einen werden ausschließlich hochwertige Marken und Qualitäten vorgestellt, die weitaus meisten zählen gar zur Spitze – zwischen ihnen abzustufen soll dem individuellen Geschmack jedes Genießers vorbehalten bleiben. Hinzu kommt, daß auch Ports, wie so viele Weine und Spirituosen, immer wieder neue Seiten zeigen: In ihrem reichen Aroma tummeln sich, mit chemischer Exaktheit betrachtet, bis zu mehrere hundert einzelner aromatischer Elemente – eine komplexe Vielfalt, die sich naturgemäß nur verkürzt, nur subjektiv wahrnehmen läßt. Sie in ein starres Punkte-Korsett zwingen zu wollen, wäre uns als Anmaßung erschienen.

Gewisse Präferenzen können und wollen wir dennoch nicht verhehlen, wie sich sicherlich zwischen den Zeilen ablesen läßt – von

unseren Verkostungsnotizen hoffen wir aber vor allem, daß sie geeignet sind, zumindest den Grundcharakter des jeweiligen Portweins zu beschreiben. Nach-Verkoster mögen ihrem Empfinden nach einzelne Elemente anders gewichten, oder auch, bei intensiver Beschäftigung mit dem Aroma, Neues entdecken, das uns weniger bedeutsam schien oder gar verborgen geblieben ist.
Es würde uns freuen, wenn wir mit unseren subjektiven Eindrücken Anstöße geben können: Anregungen, Altbekanntes neu zu verkosten und bewußter zu erleben, Hinweise auf Ports, die auch für Kenner noch Neuland bedeuten können. Und damit für jeden Portwein-Freund eine Basis zu schaffen, von der aus er selbst weiteres Neuland entdecken kann. Hierzu mögen auch die weiteren Empfehlungen im Anhang Ansatzpunkte bieten.

A BIS Z DER PORTWEINE

ANDRESEN

J. H. Andresen, Sucrs.
Rua Felizardo de Lima, 74
4401 Vila Nova de Gaia

Kleine, aber feine Portweinfirma in portugiesischem Familienbesitz, deren Ports auch unter den Labels A.P. Santos, Mackenzie, Pinto Pereira und Soc. dos Vinhos do Alto Corgo angeboten werden. Der Firmengründer, Joao Henrique Andresen, wurde am 29. Januar 1829 als Sohn von Thomas Andresen und seiner Frau Thurke Peppen auf der deutschen Nordseeinsel Föhr geboren – eine Heimat, die ihren Bewohnern in jener Zeit wenig Hoffnung auf ein erfolgreiches Leben bot, in der dafür um so mehr Träume blühten und Geschichten kursierten von wärmeren Gestaden mit Weinen, die wie Honig die Kehle hinunterfließen. Erst vierzehnjährig, schiffte sich Johann Heinrich nach Porto ein, wo er sich erst durch harte Arbeit, dann durch merkantiles Geschick einen Namen machte. Mit 16 Jahren gründete er sein eigenes Handelshaus, wurde schließlich Präsident der Handelskammer in Porto.

1942 zwangen wirtschaftliche Schwierigkeiten die Nachkommen von J.H. Andresen zum Verkauf an den angesehenen portugiesischen Porterzeuger Albino Pereira dos Santos, dessen große Liebe den Tawny Ports galt, für deren Produktion er höchstpersönlich die Weine in den Anbauregionen am Douro aussuchte. 1945 brachte Dos Santos, in Erinnerung an den hundertsten Geburtstag der Firmengründung, den ersten »Century« Tawny heraus – ein Begriff, der bald als Synonym für die Ports von J.H. Andresen verstanden wurde. Seit 50 Jahren produziert die Firma diesen Port nach dem ursprünglichen Konzept von Albino dos Santos. Daneben entsteht eine Reihe Tawnies verschiedener Altersstufen, unter denen die Jahrgangs-Tawnies, die Colheitas, eine besondere Stellung einnehmen. In raren Mengen verfügt das Haus über uralte Tawnies, die noch zu Lebzeiten von Johann Heinrich Andresen ins Faß kamen.

Andresen und die Schwesterfimen unter gleicher Leitung verfügen nicht über eigenen Weinbergsbesitz, arbeiten aber seit Jahrzehnten mit den immergleichen Vertragswinzern zusammen, deren konstante Traubenqualität (neben Andresens bewußter Beschränkung auf eine Lagerkapazität von lediglich 4000 Hektoliter) zum soliden Ruf dieses Shippers beigetragen hat. Obwohl auch Andresen gelegentlich Vintage Ports auf den Markt bringt, hält man sich in dieser Kategorie bewußt zurück. Zwischen 1955 und 1993 wurden nur in sechs Jahrgängen Vintages deklariert: »Man sollte im Top-Bereich nur eine Liebe haben – unsere sind die faßgereiften Jahrgangs-Ports, die Colheitas«, meint man in dem kleinen Familienbetrieb überzeugt.

DRY WHITE

(75 cl, 19,5 %vol)

Vorwiegend aus den Weißweinrebsorten Malvasia Fina und Rabigato erzeugter Aperitif.

Leuchtend goldene Farbe, reiche Fruchtnase mit einem Hauch Marzipan, am Gaumen angenehme Fruchtsüße mit trockenen Holznoten im Abgang.

CENTURY PORT
(75 cl, 19,5 %vol)

Zehn Jahre alter Tawny, 1996 abgefüllt.
Ausdrucksstarker Port mit leicht trockener, sehr würziger Nase mit pikanten Noten (Gräser, Paprika), im Geschmack fruchtig-süß mit dezenter Gewürz- und Säurekomponente: sehr elegant.

ROYAL CHOICE
(75 cl, 20 %vol)

Faßgereifter Portwein, dessen einzelne Weine im Durchschnitt 20 Jahre in Eichenfässern lagerten, 1995 abgefüllt.
Tiefes Bernsteinrot und üppige Fruchtnase, bevor sich deutlicher Rancio mit komplex verbundenen Aromen von Nuß, Veilchen, Trockenblumen, Marzipan und Gewürzen entwickelt. Kräftiger Körper mit zarter, säurebetonter Frische.

Weitere Qualitäten:

TAWNY

ANDRESEN SELECTED

LBV

COLHEITA

VINTAGE 1963, 1966, 1970, 1979, 1985.

BARROS-ALMEIDA

Barros, Almeida & Ca. Vinhos, SA
Rua D. Leonor de Freitas, 180-182
4401 Vila Nova de Gaia

Von der Familie Almeida im Jahr 1815 gegründetes Portweinhaus. Anfang dieses Jahrhunderts heiratete Manuel Moreira de Barros, dessen Karriere im Hause als Laufbursche begonnen hatte, Dona Matilde, die Schwester seines Arbeitgebers Manuel Almeida, der bald die gesamten Geschäfte in die Hände seines fähigen Schwagers legte. Mit seiner Nase für guten Port und gewinnträchtige Geschäfte erweiterte Barros das einst nur für den Handel mit loser Ware mittlerer Qualität bekannte Haus durch den Aufkauf der für erstklassige Produkte bekannten Firmen Kopke und Feuerheerd sowie der Markenerzeuger Feist, Hutcheson, The Douro Wine Shippers and Grower Association und

Das Firmenlogo: ein Barco Rabelo

Weinterrasssen von Barros-Almeida

Viera de Souza zur fünftgrößten Handelsgruppe in Vila Nova de Gaia, dem Herz des Portweinhandels.

Heute wird die Firma von Manuel und Matilde de Barros' Söhnen Manuel Angelo und Joao geleitet, deren Augenmerk in den letzten Jahren besonders der Qualitätsverbesserung und Sicherung der Mutterfirma Barros-Almeida galt. Dazu trägt vor allem der Besitz der nahe des Régua-Damms an Nordufer des Douro gelegenen Quinta de Enxodreira bei, die von Manuel de Barros 1927 erworben und zu Ehren seiner Frau in Quinta Dona Matilde umbenannt worden war. Diese Quinta war als eines der ältesten Portwein-Güter bereits in der Forrester-Landkarte verzeichnet und gilt als schwierig zu bearbeitende, aber erstklassige Lage. Die eigentliche Weinbereitung findet bei Barros-Almeida allerdings in der weiter flußaufwärts, Richtung Pinhao gelegenen, Quinta de Sao Luiz statt, zu der auch das Gelände der Quintas de Dom Pedro, da Fonte Santa, da Mesquita, da Lobata, da Alegria sowie da Galeira gehören, deren Weine die Basis für die Ports der zu Barros-Almeida gehörenden Marken liefern (siehe auch Flagman's).

Besondere Wertschätzung genießen bei Barros-Almeida die Colheitas, faßgelagerte Jahrgangsports, von denen auch aus weit zurückliegenden Jahren noch eine gute Auswahl in den Hallen in Vila Nova zu finden und auch in Deutschland erhältlich ist.

BARROS BRANCO SECCO
(75 cl, 20 %vol)

Im Eichenfaß ausgebauter Portwein, u.a aus den Rebsorten Gouveio, Malvasia Fina und Viosinho gekeltert.
Trockener Charakter bestimmt diesen vollfruchtigen Port mit Aromen nach gelben Früchten und feiner Holznote im markanten Abgang.

10 YEAR OLD TAWNY
(75 cl, 20 %vol)

Mindestens 10 Jahre vor der Abfüllung im Faß gereifter Portwein.
Topazfarben, mit sehr fruchtigem, auch etwas floral bestimmtem Aroma, das sich durch leicht nussige Töne angenehm akzentuiert und bis in den nicht zu süßen Abgang durchzieht.

COLHEITA 1966
(75 cl, 20 %vol)

Faßgereifter Port aus dem Jahr 1966, 1995 abgefüllt. Cuvée aus erstklassigen Weinen mit Vintage-Charakter.
Ein amberfarbener Gruß aus der Vorweihnachtszeit: Rosinen, Gewürze wie Zimt, Muskat, Neunerlei bestimmen neben Trockenfrüchten (Orangeat) den Duft, bevor ein vollmundiger, von würziger, vollreifer Frucht geprägter Geschmack den Genuß abrundet.

VINTAGE 1985
(75 cl, 20 %vol)

Nach zwei Jahren Faßlagerung auf Flaschen gefüllter Spitzenwein; Cuvée, deren Basis aus eigenem Rebbestand stammt.
Ins Schwarze changierender Port mit langfristigem Potential, im Duft gefällt tiefe, dunkle Frucht (Johannis-, Brombeere) bei geradliniger Struktur mit süßen Schokoladennoten.

BURMESTER

J.W. Burmester & Ca. LDA.
Rua de Belomonte, 39/1
4000 Porto

Als Burmester-Nash im Jahr 1730 gegründetes Portweinhaus, das sich seit 1750 dem Handel mit Portwein widmet – damit eines der ältesten Portweinhäuser, vielleicht sogar das älteste, das sich seit der Gründung im Besitz der gleichen Familie befindet. In der zweiten Hälfte des 18. und der ersten Hälfte des 19. Jahrhunderts besaßen die Burmesters (deren Name sich übrigens vom Amt des Bürgermeisters der deutschen Stadt Mölln ableitet, das Familienmitglieder über Generationen bekleideten) nicht nur Weinlager in Porto, sondern auch ein Handelsbüro in London unter Leitung von Frederic Burmesters Bruder Edward – beide gehörten zu den Gründern der National Westminster Bank.
Politische Wirren nach der Napoleonischen Invasion der iberischen Halbinsel und die Kinderlosigkeit der britischen Burmesters ließen das Handelshaus 1834 auf den Hamburger Verwandten Johann Wilhelm Burmester übergehen, der neben seinen Geschäftsinteressen in Porto auch die Heimat nicht aus den Augen verlor: Die Oldenburgische Glashütte sowie die heute noch existente Oldenburgisch-Portugiesische Dampfschiffsreederei wurden von ihm mitbegründet.

Altes Faß mit rarem Tawny

Firmenwappen mit Treueschwur

Heute noch befindet sich das kleine Porthaus im Besitz von Nachkommen des Johann Wilhelm Burmester, die sich bei der Portweinherstellung an alten Familientraditionen orientieren, dabei aber auf modernste Technologie zurückgreifen und beispielsweise über ein Analyselabor verfügen, das dem des Instituto do Vinho do Porto in nichts nachsteht.
Isabelle Formigal und ihr Cousin Arnold Gilbert sind Portmacher mit Leib und Seele. Ihr lateinischer Wahlspruch »Semper Idem« (hier belegt seit 1730 und mithin wesentlich früher verbrieft als das gleichlautende Motto des bekannten deutschen Magenbitterherstellers Underberg) bedeutet ihnen, was einst Cicero über Sokrates meinte: Treue zu sich. Und damit vor allem: Festhalten an der bewährten Qualität ihrer Weine.
Zum Besitz des Hauses gehört neben den großzügigen, sehr gepflegten und stimmungsvollen Lagerhallen in Vila Nova de Gaia seit 1991 auch die Quinta Nova de Nossa Senhora do Carmo am oberen Douro, von deren 120 Hektar Gelände nur die besten, insgesamt 40 Hektar Böden mit den typischen Portrebsorten Touriga National (11 Prozent), Touriga Francesa (12 Prozent), Tinta Barroca (17 Prozent), Tinta Roriz (58 Prozent) und Tinto Cao (2 Prozent) bepflanzt sind. Hier werden die Trauben noch von Hand gepflückt und mit bloßen Füßen in den traditionellen Granit-Trögen, den Lagares, gestampft, bevor die Weine zur Basis der Burmester-Vintages oder aber, wie erstmals 1992, zu einem Single Quinta Vintage ausgebaut werden.
Besonderes Augenmerk gilt auch den Colheitas – im Faß ausgereifte Jahrgangsports, von denen noch schöne Beispiele aus den 30er Jahren zu kaufen sind.

10 YEARS OLD
(75 cl, 20 %vol)

Süßer Tawny aus den klassischen roten Rebsorten der Douro-Region, bis zur Abfüllung mindestens 10 Jahre in besonders alten Eichenfässern gelagert

Noch kräftig-roter Tawny mit feinem Mandelaroma über intensiven Beerenakzenten, die sich harmonisch in den trockener werdenden, aber immer noch recht süßen Abgang fortsetzen.

COLHEITA 1985
(75 cl, 20 %vol)

Faßgereifter Jahrgangsport des Jahres '85, als einem feucht-kalten Frühjahr ein Bilderbuchsommer mit nahezu perfekten Wetterbedingungen folgte. Lagerung im Eichenfaß, abgefüllt 1996.

Intensiv roter Port mit markanter Frucht aus dem gesamten Beerenspektrum, am Gaumen führt fast parfümierte Süße in einem langen, runden Abgang.

COLHEITA 1963
(75 cl, 20 %vol)

Jahrgangs-Port aus einem der großen Jahre, als nach feuchtem Frühling und strahlendem Sommer ein warmer Frühherbstregen die Trauben zur Vollendung brachte. Im Eichenfaß ausgereift, 1994 abgefüllt.

Immer noch lebhafter Port: angenehm nussige Aromen, durch Kaffeenoten und reife Frucht (Maracuja, Pfirsich) abgetönt, am Gaumen harmonisch, mit tiefer Frucht und leicht trockenem Holzton.

COLHEITA 1937
(75 cl, 20 %vol)

Aus einem der besten Jahrgänge der 30er Jahre gekelterter und bis 1990 im Eichenfaß gereifter Colheita.

Verhaltenes Rot mit orangefarbenen Lichtern prägt diesen reifen, appetitanregend nach getrockneten Früchten und Blüten (Feige, Rose, Veilchen) duftenden Colheita, am Gaumen trockene Holznoten vor lebhafter Frucht, elegant ausbalanciert. Mittellanger Abgang mit leicht ›medizinischen‹ Noten.

LATE BOTTLED VINTAGE 1982
(75 cl, 20 %vol)

Durch längere Faßlagerung bereits bei der Abfüllung trinkreifer Jahrgangsport des allgemein als »elegant« etikettierten Jahrganges 1982 – abgefüllt 1986.
Überraschend frischer und appetitanregender Port mit heller, an Rhabarber, Stachelbeeren oder Kefir erinnernder Nase, wuchtig, mit reifer Frucht: ein appetitliches Kraftpaket.

VINTAGE 1989
(75 cl, 20 %vol)

Aus dem Erntejahr 1989: Nach trockenem Winter und Frühling brachten verheerende Stürme im Juni und brütende Hitze bis August eine frühe Lese – ein Jahr der ungewöhnlichen Weine.
Sehr tiefe Farbe von Rot ins Violette changierend, in der Nase elegantes Johannisbeer-Pflaumen-Aroma mit grasigen Aspekten; im Geschmack noch recht säurebetont neben hoher Süße und anspruchsvoller Komplexität: Geduld, dann wird's ein Klassiker!

CÁLEM

A. A. Cálem & Filho, LDA.
Rua da Reboleira, 7
4000 Porto

Im Jahr 1859 von Antonio Alves Cálem gegründetes Porthaus, das sich heute noch im Besitz der Familie befindet. In den folgenden Jahrzehnten kaufte der weitsichtige Antonio Alves, ebenso wie sein Sohn Antonio und seine Enkel José und Joaquim, bestes Rebland am Douro hinzu – wichtigster Erwerb war die Quinta da Foz an der Mündung (»Foz«) des Flusses Pinhao in den Douro, zu der bald die weiter westlich, also flußabwärts gelegenen Quintas do Sagrado, do Vedial und da Sangra sowie die hoch eingeschätzte Quinta de Santo Antonio im Pinhao-Tal des Cima Corgo kamen.
Derzeitiger Chef ist A.A. Cálems Enkel Dr. Joaquim Manuel Cálem, einer der Charakterköpfe Portos – neben seinen Interessen im Porthandel verfügt der dänische Honorarkonsul in Porto auch über andere, weitreichende Geschäftsbeziehungen, was u.a. der Universität von Vila Real die Finanzierung ihrer weinbaukundlichen Fakultät durch den dänischen Staat einbrachte. Unterstützt durch Tochter Maria Assuncao, hält er strikt an den alten Traditionen seiner Firma fest und nutzt für die besseren Qualitäten nur eigenes Traubengut der Quinta de Foz, das von alten Rebstöcken der terrassierten Hänge stammt und nach der Lese in den Lagares von Arbeitern so schonend wie möglich gestampft wird.
Seit 1982 wird in den Jahren ohne Vintage-Deklaration ein Single Quinta Port erzeugt und in attraktiver Ausstattung auf den Markt gebracht. Daneben wird auf der Quinta auch das Rebgut der in den letzten Jahren neu gepflanzten und maschinell zu bearbeitenden Weinberge der Quinta sowie weiterer Ländereien der Cálems vinifiziert sowie ein geschätztes Olivenöl erzeugt. Die Quinta verfügt über ein Restaurant und steht auch Individualtouristen offen – ein Besuch, der sich sicher lohnt! Erzeugnisse des Hauses Cálem werden auch unter dem Namen Da Costa vermarktet.

TAWNY
(75 cl, 20 %vol)

Klar strukturiert und leicht verständlich, gefällt dieser Wein mit seiner rubinroten Farbe, dem frischen Duft nach Küchenkräutern und Schattenmorellen, der dezenten Süße bei insgesamt leichtem Körper.

10 YEAR OLD PORT
(75 cl, 20 %vol)

1995 abgefüllter Tawny, dessen Komponenten im Durchschnitt 10 Jahre im Eichenfaß reiften. Helles Rot mit goldenen Lichtern, verhalten würzige Nase mit deutlichen Eindrücken von grünem Holz und typischer Frucht, vollfruchtig und recht süß.

CHAMPALIMAUD

Montez Champalimaud, Lda.
Quinta de Cotto
Cidadelhe, Caldas do Moledo
5050 Peso da Regua

Stammhaus der Champalimauds

Die Quinta de Cotto der Familie Champalimaud ist eine der ältesten Domänen im Bereich des Baixo Corgo, dem westlichsten Teil der Weinbauregionen für Port. Seit dem Mittelalter bedeutender Besitz der Familie Montez mit dem Recht, Flüchtlingen vor der Staatsmacht Asyl zu gewähren. Gutsherr Joao Montez heiratete 1915 Dona Carlota Champalimaud und fügte diesen in der portugiesischen Geschichte immer wieder hervorgetretenen Familiennamen dem seinen hinzu – nur zwei Generationen später nennen sich die Montez nur noch Champalimaud...
Familienoberhaupt und Inhaber der nunmehr 116 Hektar umfassenden Quinta ist heute Miguel Champalimaud. Der Rebell vom Baixo Corgo hält wenig vom Port-Establisment in Vila Nova de Gaia. Auch seiner Initiative ist es zu verdanken, daß die Welt des Portweines bunter wurde: Eine Änderung der strengen gesetzlichen Regelung bezüglich Ports gab ihm und anderen Qualitätswinzern ab dem 8. Mai 1986 die Möglichkeit, hochwertige Ports direkt auf der Quinta abzufüllen und ins Ausland zu exportieren – Miguel Champalimaud gehört damit zu den Schrittmachern der tatsächlich vom Winzer stammenden Single Quinta Ports,

deren Potential nicht zu unterschätzen ist und die er gar für die »klassischen Vintage Ports« schlechthin hält. Konsequenterweise orientiert er die Portwein-Vinifikation an der seiner guten Rotweine, lehnt die oxidativen Tawnies als Stil völlig ab und betont die Farbe und fruchtige Frische seiner Ports durch die seit den 60er Jahren am Douro übliche Autovinifikation unter Kühlung. Champalimaud beschränkt sich bewußt auf Vintage Ports und erzeugt nur in ungewöhnlich guten Jahren Portwein, vor 1989 erstmals 1982. Von der Quinta stammende Rotweine kommen u.a. unter dem Namen Grande Escolha in den Handel und gelten als portugiesische Spitzenerzeugnisse.

VINTAGE 1989
(37,5 cl, 19 %vol)

In Autovinifikation erzeugter Jahrgangsport aus dem ungewöhnlichen Vintagejahr 1989, als wilde Sommerstürme und brütende Hitze eigenwillige Ports ergaben; 2 Jahre in 275-Liter-Fässern aus portugiesischer Steineiche gelagert.

Unsere Probe Nr. 71129: Vintage mit großem, bereits jetzt schon sehr erfreulich genießbarem Potential – intensive Nase mit angenehm hellen Beerenaromen (Johannisbeere, Himbeere) und eleganten Sekundärtönen, sehr appetitanregend mit marzipansüßer, dabei würziger Tiefe.

CHURCHILL GRAHAM

Churchill Graham, Lda.
Rua da Fonte Nova, 5
4400 Vial Nova de Gaia

Erst 1981 gegründet, war das Haus Churchill Graham nach über 50 Jahren die erste neue Stimme im Chor der großen Port-Shipper. Die Faszination des aufgespriteten Weines aus Porto ließ die Brüder John, William und Anthony Graham aus der Portwein-Dynastie Graham nicht los, obwohl die gleichnamige Firma (siehe Graham) längst an die Symingtons verkauft war – zusammen mit Johns Frau Caroline Churchill (mit dem früheren britischen Premierminister und Portwein-Liebhaber Winston Churchill weder verwandt noch verschwägert) gründeten sie das neue Portweinhaus und konnten sich dabei auf John Grahams langjährige Erfahrung als Manager bei Taylor und Cockburn stützen. Die aktuelle Entwicklung hin zu besten Qualitäten auf Kosten der einfacheren Ports (in der Markteinführung der hochklassigen Portspezialitäten waren Taylor und Cockburn Vorreiter) konnte bei Churchill Graham also niemanden überraschen. Die Beschränkung auf Late Bottled Vintages und Crusted Ports, neben Single Quinta und Vintage Ports, hat der Firma zu wohlverdienter Aufmerksamkeit bei Kennern verholfen – aber auch die (noch) bezahlbaren Preise ihrer Port-Spezialitäten.
Ihr Traubengut kaufen die Grahams hauptsächlich bei Antonio Borges de Souza, dessen Quintas da Agua Alta, da Manuela, do Fojo und Roncaõ Pequeno sich seit Jahrhunderten in Familienbesitz befinden und erstklassiges Rohmaterial für die Churchill Graham Ports darstellen.
Die Trauben werden auf der Quinta in Lagares von Arbeitern gestampft und in den besten Jahren zu Vintage Port verarbeitet. Daneben ist Single Quinta Port der Quinta de Agua Alta verfügbar. Ausbau und Abfüllung der Ports findet in Vila Nova de Gaia statt, wo die Kellerei auf Anfrage auch besichtigt werden kann.

VINTAGE 1985
(75 cl, 20 %vol)

Aus dem hervorragenden Vintage-Jahr 1985; für Churchill Graham erst der vierte Vintage, der dem Haus aber die Einschätzung als »excellenter Erzeuger« durch den amerikanischen Weinpapst Robert Parker bescherte.

Tiefes Rubinrot mit violettem Funkeln, markantes Bukett mit reifen Fruchtnoten (Aprikose, Pflaume, etwas Kirsche, dazu Orangeat und Feige), würzig akzentuiert. Voller, runder, samtiger Körper, auch am Gaumen von würziger Frucht dominiert. Schon sehr schön ausgereift.

Weitere Qualitäten:

SINGLE QUINTA VINTAGE
DER QUINTA DA AGUA ALTA

LBV

CRUSTED PORT

COCKBURN

Cockburn Smithes & Ca., Lda.
Rua das Coradas, 13
4401 Vila Nova de Gaia

Eines der ganz großen Porthäuser – 1815 von dem schottischen Adligen Robert Cockburn gegründet, dessen Familienwappen heute noch jede Flasche ziert. 1830 wurde das Londoner Büro eröffnet, und noch immer ist Großbritannien der wichtigste Absatzmarkt für die Ports von Cockburn (sprich: Koh-börn). 1854 traten die Brüder Henry und John Smithes in die Firma ein. John Smithes, ein erfahrener Önologe, erkannte schnell die Zusammenstellung der Port-Cuvée als wesentliche Voraussetzung für Unverwechselbarkeit und Wiedererkennungswert seiner Ports und entwickelte ein geordnetes Aufzeichnungssystem der Verschnitt-Technik, auf dem heute noch das Blending der Cockburn Ports beruht. 1863 nahm er den Neffen seiner Frau Eleonor Cobb in die Firma auf – trotz Verkaufs der Firma knapp einhundert Jahre später an den britischen Lebensmittelkonzern Allied Lyons (heute Allied-Domecq), leitet mit Peter Cobb immer noch ein Nachfahre der Gründerfamilien das Haus Cockburn.

Schon sehr früh wußte man hier um die Bedeutung von kontinuierlich erstklassigem Traubengut und setzte auf langfristige Zusammenarbeit mit unabhängigen Weinbauern, die ihre Reben nach Cockburn-Vorstellungen anbauten. Nach und nach erwarb Cockburn einige dieser Quintas, zuletzt 1989 die Quinta dos Canais, die bereits seit Anfang dieses Jahrhunderts die Trauben für den Vintage Port geliefert hatte. Bereits hundert Jahre zuvor war die im Cima Corgo gelegene Quinta do Tua (die daraufhin auch Quinta dos Ingleses genannt wurde) von Cockburn erworben worden, die sukzessive zur zentralen Kellerei und weinkundlichen Forschungsstation ausgebaut wurde. Von hier kamen die Reben für das (trotz der schwierigen politischen Stimmungslage in Portugal) 1978 begonnene Pionierprojekt einer umfangreichen Neupflanzung auf den Quintas do Atayde und Val Coelho in der

Schatz aus dem Vintage-Keller

Ebene von Vilarica am oberen Douro, wo neben dem Einsatz von Rebenneuzüchtungen auch die Auswirkungen von Rebsorten, Veredelungstechniken und Bodenbedingungen auf die Widerstandskraft gegen Rebkrankheiten studiert und neue Vinifizierungsmethoden erprobt werden – wissenschaftliche Gebiete, auf denen Cockburn als führendes Unternehmen gilt. Die in Vilarica gezogenen virusfreien Rebstöcke werden auch an die Winzer weitergegeben, deren Trauben für die jüngeren Port-Qualitäten Verwendung finden: Der große Erfolg des Markenports Special

Reserve auf zahlreichen Auslandsmärkten machte Traubenzukäufe zur Produktionssteigerung nötig. Grund für die positive Aufnahme dieses wie der anderen Portvarianten von Cockburn: der fruchtige, vollmundige Charakter mit seinem leicht trockenen, unverwechselbaren Nachklang, in der Port-Terminologie als »grip« bekannt, der sich trotz der individuellen Unterschiede in jedem Cockburn-Produkt wiederfinden läßt. Seit der Übernahme durch Allied Lyons gehört auch die einst scharf bekämpfte Konkurrenzmarke Martinez-Gassiot zum Hause Cockburn.

FINE RUBY
(75 cl, 20 %vol)

Mindestens 3 Jahre lagerten die aufgespriteten Douro-Weine für diesen internationalen Verkaufsschlager von Cockburn im Eichenfaß. Kräftig-rote Farbe und liebliche Aromen nach Schokolade, Kirschen und Beerenobst bestimmen diesen jugendlich-süßen Port.

SPECIAL RESERVE
(75 cl, 20 %vol)

Aus den besten Rotweinsorten des oberen Douro-Tals zusammengestellte Tawny-Cuvée, 4 bis 5 Jahre in Eichenfässern ausgereift.

🍷 Weicher, sehr gefälliger Port von rubinroter Farbe mit goldenen Lichtern, pikantes Aroma mit frischen Gewürznoten (Paprika, Pfeffer, Muskat) über kräftigen Beerenaromen, sehr rund und kräftig.

LATE BOTTLED VINTAGE
(75 cl, 20 %vol)

Aus Weinen der besten Cockburn-Weinberge zusammengestellte Cuvée des Jahrganges 1987, 1993 abgefüllt.

🍷 Intensiv-roter Port mit ausgereifter Nase nach rotem Beerenobst, mit würzigen Ober tönen. Am Gaumen finessenreich mit feiner Säurestruktur und trockener werdendem Abgang – schön!

10 YEAR OLD
(75 cl, 20 %vol)

Im Durchschnitt lagerten die Weine für diesen Port-Blend 10 Jahre im Faß, wobei ältere Ports durch Beigabe von jugendlichen Weinen ausbalanciert wurden.
Ins Ziegelrot changierende Farbe und ein reiches, ausgeprägt nussiges Aroma prägen diesen Port mit feinen Rosinentönen vor cremigem, aber leicht trocken ausbalanciertem Körper. Anhaltend.

20 YEAR OLD
(75 cl, 20 %vol)

Tawny-Zusammenstellung, im Durchschnitt mindestens 20 Jahre im Eichenfaß gelagert.
Eleganter Port mit deutlich durch Röstaromen und Nuß geprägtem Duft, bevor sich Beerennoten (Brombeere, Johannisbeere) entfalten, die im Geschmack aufs Angenehmste mit den leichten Sekundäraromen aus dem Eichenholz harmonieren.

Tragekörbe – ein unverzichtbares Transportmittel in den steilen Rebhängen am Douro

DELAFORCE

Delaforce Sons & Ca. Vinhos, Lda.
Largo de Joaquim Magalhaes, 23
4401 Vila Nova de Gaia

Im Jahr 1868 von George Henry Delaforce gegründetes Porthaus, heute im Besitz der International Destillers & Vintners, aber immer noch unter Leitung der Familienmitglieder David und Richard Delaforce. Die Geschichte der Delaforce-Erfolge ist lang: 1870 Goldmedaille auf der Pariser Weltausstellung, 1890 Hoflieferant des portugiesischen Königshauses, in den 30er Jahren mit dem neuartigen Markenport »His Eminence's Choice« erfolgreichster Anbieter im Kernland des Portgenusses – Großbritannien. 1983 gewann die Ausstattung der Delaforce-Ports den »Award of Design« der britischen Zeitschrift »Wine & Spirits« sowie eine Auszeichnung für das beste Preis-Leistungs-Verhältnis

Das Firmenlogo von Delaforce

durch die Zeitschrift »Hotel & Caterer«; weitere Ehrungen folgten, u.a. die Goldmedaille der International Wine Challenge in zwei aufeinanderfolgenden Jahren für den Late Bottled Vintage. Da man sich bei Delaforce hauptsächlich auf die Produktion eingeführter Markenportweine wie den »Full Ruby«, den »Medium Tawny« oder den »Special White« stützt, hat man vom Erwerb eigenen Reblandes am Douro abgesehen und kauft auch die Weine für die Herstellung der höherwertigen Portweinspezialitäten – den Late Bottled Vintages und den Vintages – bei Winzern ein, zu denen langjährige Geschäftsbeziehungen bestehen. Diese ermöglichten es Delaforce, bereits 1978 schnell auf den sich abzeichnenden Trend hin zu Single Quinta Ports zu reagieren: Von der im Cima Corgo, oberhalb des Rio Torto bei Tabuaco gelegenen Quinta da Corte der Firma Pacheco & Irmaos, die schon seit langen Jahren Lieferant bester Weine für die Delaforce-Vintages und sehr alten Tawnies war, wurden Grundweine für einen Single Quinta bezogen, der direkt von dem auf Corte üblichen, aufwendigen traditionellen Weinanbau profitierte und dem der amerikanische Weinpapst Robert Parker 85 Punkte zubilligte – Prädikat »sehr wertvoll«. Aus dem Anbaugebiet Rio Torto und Roncao des Dourotals stammen auch die Weine für die Delaforce-Vintages, deren beste die Jahrgänge 1908, 1917, 1927, 1945, 1955, 1963, 1966, 1970, 1977, 1982, 1985, 1987, 1991 sowie 1992 waren.

Britische Tradition: Faßaufschrift mit dem alten englischen Namen der Stadt Porto, »Oporto«

Special White
(75 cl, 20 %vol)

Überwiegend aus den weißen Rebsorten Malvasia Fina und Rabigato-Trauben hergestellter weißer Portwein, einer der bekanntesten Markenports.
Nicht zu süß wirkender Aperitif-Port mit reifem, fruchtbetontem Aroma und vollem Geschmack.

»Paramount« Full Ruby
(75 cl, 20 %vol)

Im Durchschnitt 3 Jahre gelagerter roter Port.
Kräftige rote Farbe mit lebhaften Lichtern, stark beerentöniger Duft mit deutlicher Süße, am Gaumen gefällig und vollmundig bis in den fruchtbetonten Abgang.

10 YEAR OLD TAWNY »HIS EMINENCE'S CHOICE«
(75 cl, 20 %vol)

Cuvée aus gereiften Ports, die zwischen 6 und 30 Jahren im Eichenfaß lagerten, von Weinautor Hugh Johnson als »höchst anregend« charakterisiert; 1995 abgefüllt.
Von leuchtend-rötlicher Farbe; der Nase gefallen würzige Sandelholz- und Blütendüfte. Stoffig, körperreich mit intensiver Frucht bis in den leicht cremigen, von angenehm reifer Süße geprägten Abgang.

VINTAGE 1985
(75 cl, 20 %vol)

Vintage eines Jahres, das sich durch einen kalten, sehr nassen Winter bis spät ins Frühjahr, einen heißen Sommer bis in den stürmischen Beginn des Septembers mit anschließendem Altweibersommer auszeichnete – erstklassige Bedingungen für einen Vintage.
Dunkelrote Farbe mit violettem Schimmer, elegantes Bukett nach Beeren und Bitterschokolade, feiner Körper mit frischer Frucht – ausgereifter Vintage mit hohem Genußpotential.

DOW'S

Silva & Cosens, Lda.
Trav. Barao Forrester, 85
4401 Vila Nova de Gaia

Kein Portweinhaus, wie viele Freunde dieser international sehr angesehenen Ports vermuten, sondern der von dem Portwein-Erzeuger Silva & Cosens als Markenbegriff genutzte Familienname des einstigen Mitinhabers John Ramsey Dow, der ab 1877 die Produkte der von J. J. da Silva gegründeten Firma weltweit bekannt machte. 1912 verschmolz Silva & Cosens mit dem zur Firmengruppe der Symingtons (siehe auch Graham, Quarles Harris, Smith Woodhouse und Quinta do Vesuvio) gehörenden Top-Erzeuger Warre, wird aber im Bereich der Weinbereitung und der Portlagerung konsequent als eigenes Unternehmen geführt. Beim Marketing dagegen profitierten Silva & Cosens mit ihrer Marke Dow's von der Schlagkraft der Symingtons.

Faßlager für Dow's-Port

1896 erwarb George Warre die im Zuge der Reblauskatastrophe schwer geschädigte und daher billige Quinta do Bomfim, die nach kompletter Neubepflanzung bei der Firmenfusion der Marke Dow's zugeschlagen wurde. Die in mikroklimatisch begünstigter Lage am Nordufer des Douro unweit Pinhaos gelegene Quinta bildet heute dank erstklassiger Verkehrsanbindung das önologische Zentrum der Symington-Gruppe. Ihr Traubengut aus den traditionellen Douro-Rebsorten Tinta Roriz, Touriga Francesa, Touriga Nacional und Tinta Barroca wird aber nur zur Erzeugung von Dow-Ports verwendet: in weniger guten Jahren als Single Quinta Port, in großen Jahren wie 1955, 1960, 1963, 1966, 1970, 1972, 1975, 1977, 1980, 1983, 1985, 1991 und 1992 kann Vintage daraus werden. Bei unserem Besuch im Hause Symington im Mai 1996 war der 1994er Vintage von Dow's gerade deklariert und überraschte mit einem ausgeprägten Veilchenduft, enormer Kraft, Fruchtigkeit und Potential.

Fine Ruby

(75 cl, 19 %vol)

Jugendlicher, 3 Jahre in alten Eichenfässern gereifter Port.

Kirschroter, kräftig gefärbter Wein; würzige, angenehm trockene Nase mit starkem Kirschenakzent und feinen Holzaromen (Weihrauch, Rebholz), am Gaumen verhalten süß mit weicher, runder Würze.

10 Years Old
(75 cl, 20 %vol)

Im Durchschnitt 10 Jahre gelagerter Port vom Tawny-Typ, 1995 abgefüllt.
Appetitanregender, leuchtend bernsteinroter Port mit von Rosinen und Küchenkräutern geprägtem, leicht salzigem Aroma und leichtem Körper, mit harmonischer Balance zwischen Säure und Süße. Angenehm lange Holznoten im trockener werdenden Abgang.

Late Bottled Vintage 1990
(75 cl, 20 %vol)

1996 abgefüllter, faßgereifter Port des guten, wenn auch nicht überragenden Jahres 1990.
Reifer Port mit zartem, leicht pfeffrig akzentuiertem Blütenbukett über vollem, von Trockenpflaumen und Aprikosen geprägtem Fruchtaroma. Zum langen Finish hin trockener werdend.

Vintage 1985
(75 cl, 20 %vol)

Vintage aus dem allgemein hochgeschätzten Jahrgang 1985.
Stilvoll-edler Vintage mit tiefroter Farbe; komplex-reicher Duft mit Kakao-Noten, mit Beerenfrucht und Aprikose kombiniert. Eher leichter, dabei feingliedriger Körper mit bereits gut integrierten Tanninen und nachhaltigem Ausklang.

Vintage 1980
(75 cl, 20 %vol)

Klassischer Jahrgangsport aus dem Jahr 1980, das durch einen langen, kalten Winter, spät einsetzende, magere Rebblüte und verregneten Juni zuerst wenig Hoffnung machte, bevor ab Juli bis zur Lese im September Hitze den Tanningehalt und den Extraktreichtum der Trauben förderte.
Von fein integrierten Tanninen geprägter, sehr reifer Vintage mit komplexer Frucht, durch feine Würze (Pfeffer, Muskat) elegant unterstrichen. Sehr rund und weich am Gaumen, mit eleganten Sekundäraromen – delikat.

FERREIRA

A.A. Ferreira, SA.
Rua da Carvalhosa, 19/103
4400 Vila Nova de Gaia

Das Porthaus der Grande Dame der Portwelt, Dona Antonia Adelaide Ferreira (1811–1896), in ihrer Bedeutung für die Weinwelt nur der Veuve Clicquot vergleichbar. Mitte des 18. Jahrhunderts begründete Manuel Ferreira, Winzer am Douro, das Haus Ferreira - das einzige bedeutende, das von portugiesischen Weinbauern gegründet wurde. Seine Urenkelin Antonia heiratete ihren Cousin, den Erben des Hauses, wurde jedoch schon mit 33 Jahren Witwe. Was die geschäftstüchtige Weinmacherin nicht entmutigen konnte: Mit sicherer Hand lenkte sie die Geschicke ihrer Firma, kaufte Rebland hinzu, legte neue Weinberge an, entwickelte unermüdlich die Infrastruktur am Douro. Mit warmem Herzen half sie daneben der Bevölkerung, baute Krankenhäuser, Kinderheime und Schulen – schnell war sie unter dem liebevollen Kosenamen »Ferreirinha« bekannt, unter dem heute noch portugiesische Händler die Weine des Hauses bestellen.

Ihr Reichtum und der Wert ihrer Ports galten als so sagenhaft, daß der damals allmächtige Ministerpräsident Portugals, der Herzog von Saldanha, sogar die Armee ausschickte, um Dona Antonias erst zwölfjährige Tochter zur Ehe mit seinem Sohn zu zwingen. Vergeblich – in einer Flucht bei Nacht und Nebel, von Soldaten verfolgt, brachte Dona Antonia das begehrte Mädchen nach London, wo eine

Ungewöhnlich: ein Emu im Firmenwappen

noch bessere Partie auf die Port-Erbin wartete: der Graf von Azambuja, ein Prinz des portugiesischen Königshauses von Braganca. Dank einer Genehmigung des königlichen Hauses darf Ferreira seither seinen Renommier-Tawny »Duque de Braganca« nennen. Heute gehören zu Ferreira vier große Besitztümer am Douro, darunter die Quinta do Porto, die Quinta do Seixo und die Quinta do Caedo in der Region Pinhao sowie die Quinta da Leda im östlichen, oberen Teil des Douro – dieses von Neupflanzungen geprägte Weingut gibt allen Anlaß zu den Hoffnungen, die mit den neuen Rebflächen nahe der spanischen Grenze verbunden werden.

RUBY

(75 cl, 19,5 %vol)

Etwa 3 Jahre reiften die bewußt auf jugendlichen Charakter und eine gewisse Robustheit hin zusammengestellten Weine für diesen Port mit 110 Gramm Restzucker.

Intensiv fruchtiger Ruby mit gut integrierter Süße, fein abgerundet duch zarte, charaktervolle Holznoten.

TAWNY
(75 cl, 19,5 %vol)

Leichtere Weine bestimmen diesen Tawny mit dreieinhalbjähriger Lagerzeit und einem Restzuckergehalt von 98,4 Gramm.
Vom Holz harmonisch geprägte Nase mit vollreifer Frucht (Pflaume, Pfirsich, Aprikose) und eher feingliedrigem Körper, gut ausbalancierte Süße und Tannin.

DUQUE DE BRAGANÇA
(75 cl, 19,5 %vol)

Im Durchschnitt reiften die nur aus den besten Weinbergskategorien A und B stammenden Weine 20 Jahre im Eichenfaß; Cuvée aus 12 bis 40 Jahre alten Ports, 124,9 Gramm Restzucker, 1995 abgefüllt.
Leuchtendes Bernsteinrot, im Duft dominieren nussige Aspekte (Walnuß neben Marzipan) die tiefe, reife Frucht (getrocknete Pflaumen) – ein Eindruck, der sich auf der Zunge fortsetzt. Mittelschwerer, sehr samtiger Körper mit intensivem Nachklang – hervorragend!

VINTAGE 1985
(75 cl, 20 %vol)

Aus dem erstklassigen Jahr 1985. Die Trauben stammten hauptsächlich aus den Weinbergen der Quinta do Seixo und der Quinta do Vesuvio. Restzucker 108,7 Gramm.
Rot-Schwarz mit rosa Reflexen; vanilletönige Holznoten und sehr reife Frucht haben sich schon zu einem komplex-üppigen Aroma verbunden, das sich am Gaumen robust und samtig verhält. Schöner Nachklang – ein bereits trinkfertiger Vintage.

LATE BOTTLED VINTAGE 1990
(75 cl, 20 %vol)

Im Eichenfaß bis zur Trinkreife gelagerter Jahrgangs-Port aus dem guten Erntejahr 1990, das hauptsächlich wegen gesättigter Marktlage nicht zum Vintage-Jahr deklariert wurde, aber hervorragende Grundweine für den LBV lieferte; 1995 abgefüllt.
Kräftiges Kirschrot, kraftvolles, durch Gewürznoten und Beerenfrüchte geprägtes Aroma mit würzigem, eher trockenem Abgang - ein eleganter Vertreter der Late Bottled Vintages.

Ferreira/
QUINTA DO PORTO

A.A. Ferreira, SA
Covas do Douro
5050 Pinhao

Im der Mitte des 18. Jahrhunderts gegründetes Weingut, in der Forrester-Karte bereits als erstklassig aufgeführt. 1863 kaufte Dona Antonia Ferreira die damals Quinta do Douro genannte Anlage, die bis heute im Besitz des von ihr zum Erfolg geführten Hauses geblieben ist. Schnell wuchsen dank umfangreicher Neupflanzungen und Zukäufe der benachbarten Rebanlagen von Estorgadas und Barreiro sowie der Quinta do Morgado die Erträge des nun in Quinta do Porto umbenannten Besitzes, bis 1879 die Reblaus die Weinberge der Quinta zerstörte. Erst zur Jahrhundertwende kamen die Erträge wieder an die vor der Katastrophe heran.

Impression von der Quinta do Porto

Die 24 Hektar Weinberge des insgesamt 36 Hektar großen Besitzes sind heute noch hauptsächlich traditionelle Terrassen, die sich zum Fluß hinab erstrecken und erst zu 60 Prozent maschinell bearbeitet werden können. 92 000 Rotwein-Rebstöcke stehen hier, hauptsächlich Touriga Francesca (40 Prozent), Tinta Barroca (30 Prozent) und Tinta Roriz (20 Prozent).
Die Weine der Quinta werden nahezu ausschließlich zur Erzeugung eines Single Quinta Ports, eines zehnjährigen Tawny, verwendet. Um den individuellen Charakter zu bewahren, verzichtet das Ferreira-Management auf den Transport des Traubengutes in die moderne Kellerei der benachbarten Ferreira-Quinta do Seixo und läßt die Trauben nach alter Art in den Lagares der alten Quinta-Kellerei zertreten, bevor die Gärung nach herkömmlicher Art, aber unter Temperatur- und mikrobiologischer Kontrolle abläuft. Im Frühjahr werden die Weine nach Vila Nova de Gaia gebracht und dort in 600-Liter-Fässern bis zum endgültigen Verschnitt gelagert.

QUINTA DO PORTO
(75 cl, 19,5 %vol)

1996 abgefüllter Tawny, dessen zwischen 6 und 15 Jahre alten Bestandteile im Durchschnitt mindestens 10 Jahre im Eichenfaß lagen. Restzucker 112,6 Gramm.

Rötlich funkelnder Tawny mit schönem Fruchtbukett nach Trauben, Pflaumen, Walnuß, Mandeln und Zimt, am Gaumen sehr weich und rund bis in den langen, auffrischenden Abgang.

FEUERHEERD

Feuerheerd Bros. & Ca. Lda
Rua Serpa Pinto, 534
4401 Vila Nova de Gaia

Kleines Portweinhaus mit für die Branche typischer Geschichte: 1815, im Zuge der europaweiten Umwälzungen durch den Wiener Kongreß, kam der junge Norddeutsche Dietrich Feuerheerd nach Porto und machte sein Glück mit dem Handel der begehrten Weine in seine Heimat. Sein Nachkomme Albert Feuerheerd war weniger glücklich: In den schwierigen Zeiten nach dem Börsencrash und der Weltwirtschaftskrise von 1929 mußte er aufgrund massiver wirtschaftlicher Schwierigkeiten sein Porthaus verkaufen – sein letzter Vintage, der 1931er, kam nie auf den Markt. Kurze Zeit später starb Feuerheerd in Porto. Seine Tochter Claire Feuerheerd-Bergqvist konnte jedoch das Herzstück des Hauses Feuerheerd, die ihr persönlich gehörende Quinta de la Rosa, behalten – bis heute produzieren die Bergqvists dort hervorragenden Port. Käufer des alteingeführten Markennamens war die Portfirma Barros-Almeida, die Feuerheerd unabhängig führt und den typischen Stil des Hauses bewahrt hat. Die Trauben für den Feuerheerd-Vintage stammen hauptsächlich von den Barros-Almeida-Quintas Dona Matilde und de Sao Luiz. Vintagejahre seit 1955 waren 1957, 1958, 1960, 1963, 1966, 1970, 1974, 1977, 1978, 1980, 1983, 1985, 1987, 1989 sowie 1991.

Rebland am Douro

DIAMOND TAWNY
(75 cl, 20 %vol)

Cuvée aus eher jugendlichen Tawnies, die mindestens 4 Jahre im Eichenfaß reiften.
Distinguierter Port mit einer interessanten, sowohl von tiefer Nuß als auch von grasig-grünen, appetitlichen Noten geprägten Nase. Am Gaumen stoffig, mit deutlichem Schokoladenton und vollfruchtiger Beerensüße.

COLHEITA 1982
(75 cl, 20 %vol)

Faßgereifter Jahrgangsport, 1995 abgefüllt.
Helles Ziegelrot mit orangefarbenem Funkeln; saftiger Duft mit Anklängen an Rosinen und Holz, kraftvoller Körper mit traubig-weicher, dabei eleganter Süße.

FLAGMAN'S

Barros, Almeida & Ca., Vinhos, SA
Rua D. Leonor de Freitas, 180-182
4401 Vila Nova de Gaia

Handelsmarke des 1804 in Bremen gegründeten, renommierten deutschen Importhauses Eggers & Franke. Anspruchsvolle Ports zu bezahlbaren Preisen suchten die Einkäufer bei ihrer Visite in Vila Nova de Gaia – bei Barros-Almeida, die als Nummer fünf unter den großen Portweinhäusern immerhin 8 Prozent des Marktes erzeugen, wurden sie fündig. Beeindruckt von der Qualität der offerierten Ware und der Möglichkeit, bestimmte Geschmacksprofile speziell für den deutschen Markt komponieren zu lassen, wurde bestellt. Ausschlaggebend war dabei sicher auch die umfangreiche Liste internationaler Auszeichnungen, die die Ports von Barros-Almeida immer wieder erhalten haben: Jüngst 1990 mit dem 20 Years Old Tawny Testsieger des Wine Spectator (USA), 1994 Goldmedaille der Monde Selection (Belgien) und erster Platz und Award of Excellence der International Wine Competition bei Wine America (USA), 1994/95 Wine Trophy des ICEP (Portugal), 1995 Gold Award der International Wine and Spirit Competition (GB) für den 1966er Colheita sowie den Silver Award für den 10 Years Old Tawny und – last but not least – das Testurteil »Highly Recommended« der britischen Fachzeitschrift Decanter für den Vintage 1985.

Steile Lagen für hochdekorierte Ports

FLAGMAN'S WHITE PORT
(75 cl, 19 %vol)

Aus den weißen Rebsorten Gouveio, Malvasia Fina und Viosinho gekelterter und für kurze Zeit in Eichenfässern gelagerter Aperitifwein.
Vollfruchtiger, jugendlicher Port mit angenehm trockenem Akzent und leichten, auffrischenden Holznoten im Abgang.

TAWNY
(75 cl, 19 %vol)

Bewußt jugendlich gehaltener Tawny mit mindestens 5 Jahren Reifezeit im Eichenfaß.
Nach fruchtbetontem, recht süßem Bukett mit Anklängen an Pfirsich, Beerenobst und Marzipan folgt ein weicher, sehr runder, durch Fruchtsüße geprägter Körper mit langem Finish.

10 YEAR OLD TAWNY
(75 cl, 20 %vol)

Im Durchschnitt 10 Jahre im Eichenfaß gereifte Cuvée aus alten und jugendlichen Ports, 1995 abgefüllt.
Amberfarben, vollfruchtiges Aroma mit feinem Blütenbukett, samtiger Körper und langer Abgang.

LATE BOTTLED VINTAGE 1989
(75 cl, 20 %vol)

Aus dem erstklassigen, durch ein trockenes Frühjahr und einen heißen Sommer geprägtem Jahr 1989, 6 Jahre im Holzfaß gelagert und trinkfertig abgefüllt.
Tiefes Rubinrot mit zartgoldenen Reflexen, kräftige Fruchtnase unter Betonung von Himbeeren und Johannisbeeren, kraftvoll-vollmundiger Körper. Sehr gelungen!

An der Landestelle der Barcos Rabelos: im Ribeira-Viertel von Porto

FONSECA

Fonseca Guimaraens Vinhos SA
Rua Barao de Forrester, 404
4401 Vila Nova de Gaia

Eines der ältesten Porthäuser in Porto. Seit 1948 im Besitz der Eigner von Taylor, Fladgate und Yeatman, zu denen auch Bruce Guimaraens gehört – er ist zugleich Nachkomme des Portbarons John Alexander Fladgate und von Manuel Pedro Guimaraens, der 1822 in die schon damals renommierte Firma Fonseca-Monteiro eingestiegen war und ihr seinen Namen und seinen Stempel aufgedrückt hatte. Erst 1988 änderten Bruce Guimaraens und seine Compagnons die Firmenpolitik, wonach die Firma Guimaraens Vinhos hieß, die Weine aber unter dem Label Fonseca verkauft wurden.

Trotz der Zugehörigkeit zu Taylor's bewahrt Weinmacher Bruce Guimaraens den eigenen, eigenwilligen Stil des Hauses, der sich hauptsächlich auf den Besitz der drei zur höchsten Qualitätskategorie zugeordneten Quintas de Cruzeiro und Santo Antonio im Mendiz-Tal des Cima Corgo sowie der Quinta do Panascal bei Tabuaco stützt. Diese Quintas hatten schon jahrzehntelang mit ihrem Traubengut das Rückgrat der Fonseca-Ports gebildet, wurden aber erst zwischen 1973 und 1979 angekauft. Gerade auf Panascal investierten Alaistair Robertson, Huysshe Bower und Bruce Guimaraens in die Zukunft, bepflanzten lange verödete Weinberge neu und bauten eine neue Kellerei, nachdem das Traubengut jahrelang bis zu

Firmenwappen

Taylor's Quinta de Vargellas zur Vinifizierung gebracht werden mußte.
Insgesamt sind derzeit 48,5 Hektar Rebland bestockt, weitere Weinberge werden nach Möglichkeit rund um die Quintas erworben, um weitestgehend unabhängig von Zulieferungen zu werden. Zur Weinlese werden die Trauben von Hand gelesen, wobei nur gesundes Traubengut Verwendung findet. Die Weine von Cruzeiro und Santo Antonio werden in den klassischen Lagares gestampft und bilden die Basis für den Vintage von Fonseca, der nur in absolut überragenden Jahren deklariert wird, um eine Inflation von Vintage Ports zu vermeiden. Da die aus mikroklimatisch begünstigten Lagen stammenden Trauben der Fonseca-Quintas jedoch häufiger einen Vintage zulassen, wird seit 1952 in den nicht als »klassisch« anerkannten, aber sehr guten Jahren unter dem Namen Guimaraens als Zweitmarke ebenfalls Vintage hergestellt.

BIN NO. 27
(75 cl, 20 %vol)

Vintage Character Port, ursprünglich aus dem für die Familie reservierten Lagerregal Nr. 27 stammend - seit 1972 Markenname für den etwa 4 Jahre im Eichenfaß gereiften jugendlichen Tawny des Hauses. Auf ca. 95 Gramm Restzucker eingestellt.

Vollmundiger, reifer Wein mit einem üppigen Aroma nach Cassis, Kirschen und Trauben, samtig auf der Zunge, mit weichem, langem Abgang.

LATE BOTTLED VINTAGE 1989

(75 cl, 20 %vol)

Jahrgangsport aus dem von Fonseca Guimaraens nicht als Vintage deklariertem Jahr 1989, im Faß ausgereift und 1995 abgefüllt.

Intensiv rote Farbe mit kräftigem Fruchtaroma, durch feine, karamelartig-würzige Holznoten akzentuiert. Am Gaumen mittelschwer mit guter Säurestruktur – ein eleganter Tropfen!

FONSECA VINTAGE 1985

(75 cl, 20,5 %vol)

Aus dem allgemein sehr hoch eingeschätzten Jahrgang 1985, nach 2 Jahren Faßlagerung auf Flaschen gezogen.

Noch recht verschlossen wirkender Port, der trotz der noch deutlich merkbaren Einzelkomponenten im Aroma (etwa Pflaume, tiefrote Beeren, Aprikose, dazu Kaffee und Gewürze etc.) und dem spürbaren Tannin schon weich und samtig ist und über einen beeindruckenden Nachklang verfügt – ein hochklassiger Port mit viel Potential.

GUIMARAENS VINTAGE 1991

(75 cl, 20,5 %vol)

Aus dem Jahrgang 1991, der mit einem feuchten Frühling, guter Rebblüte, heißem Sommer, etwas Regen im September und einem goldenen Altweibersommer erstklassige Bedingungen für großen Port bot; für den Fonseca-Stil wohl zuviel des Guten – der Vintage wurde nur für die Zweitmarke Guimaraens deklariert.

Ungestümer, aber vielversprechender Port mit enormer Kraft im feinkräutrigen Fruchtbukett (Johannisbeeren, Himbeeren, Liebstöckel, Koriander), am Gaumen noch eckig, im Abgang hart – hier lohnt sich Geduld.

Weitere Qualitäten:

SIROCO EXTRA DRY WHITE
WHITE PORT
RUBY PORT
TAWNY PORT
10, 20, 30, OVER 40 YEARS OLD

GILBERTS

Gilberts & Ca. Lda.
Rua Ferreira Borges, 69
4000 Porto

Vor etwa einem Jahrhundert tauchte der Name Gilbert das erste Mal im Portweinhandel auf – und erfreut sich bis heute eines hervorragenden Rufs. Karl Gilbert, 1875 als Sohn einer Burmester of Porto im lothringischen Metz geboren, kam als junger Mann auf Einladung seines Onkels nach Porto, stieg in das Unternehmen ein und wurde schnell zum respektierten »Shipper«. Der Honorarkonsul der österreichisch-ungarischen Doppelmonarchie interessierte sich, eher ungewöhnlich für die damalige Zeit, besonders für die Herstellung von faßgereiften Jahrgangsports – die von ihm erzeugten und zusammengestellten Colheitas sind teilweise erst in den letzten Jahren abgefüllt worden und legen Zeugnis ab vom Qualitätssinn Karl Gilberts.

Firmenchef Arnold Gilbert verkostet selbst

Anfang der 50er Jahre schufen Karls Söhne Arnold und Helmut als Ergänzung der Burmester-Linien die Marke »Gilberts Port« und erwarben zusätzlich die 1914 gegründete Firma Alcino Correa Ribeira, von deren ausgezeichneten Handelsverbindungen nach Großbritannien die neue Marke nur profitieren konnte - wie auch von einem so hinzugewonnenen Lagerbestand an mehreren hundert Fässern erstklassiger Portweine.
Seit 1962 werden die Ports von Gilberts auch in Deutschland, Frankreich, Holland, Italien und anderen wichtigen Exportländern mit Erfolg angeboten. Was auch an der Sorgfalt liegt, die Arnold Gilbert den Ports angedeihen läßt, die seinen Namen tragen. Hochmoderne Labortechnik ist für ihn ebenso selbstverständlich wie die Beschäftigung eines eigenen Küfers, der die Fässer ständig kontrolliert und optimale Bedingungen für die lange Lagerzeit der Ports in Vila Nova de Gaia schafft. Spitzenprodukt ist hier der Vintage, der trotz der nahen Verwandtschaft zum Burmester-Vintage gezielt auf eigenen Charakter hin und nur in allerbesten Jahren zusammengestellt wird. Vintage-Jahrgänge seit 1955 waren 1960, 1963, 1964, 1984, 1985, 1991 und 1992 – auch der 1994er wird sich hier voraussichtlich einreihen.

WHITE »DRY-TUA«
(75 cl, 20 %vol)

Sehr trockener weißer Port aus vollkommen durchgegorenen Weißweinen, nur kurz im Eichenfaß gelagert.
Dunkelblonder, recht frischer Port mit konsequenter Aromaführung, dezent nussigen und grasigen Akzenten und angenehm zarter Süße.

TAWNY »ROMARIGO«
(75 cl, 19 %vol)

Aus früh reifenden Weinen des unteren Douro zusammengestellter Sweet Tawny, etwa 3 Jahre im Eichenfaß gelagert.
Kraftvoller Port mit fruchtigem, leicht zimtigem Aroma, das sich auf der Zunge zu Kirsch-Schokoladentönen erweitert. Stoffig, mit angenehm astringierender Säure, daher nicht übermäßig süß.

10 YEARS OLD
(75 cl, 20 %vol)

Rote Port-Cuvée, deren einzelne Komponenten im Durchschnitt 10 Jahre in Fässern aus portugiesischer Steineiche gelagert wurden.
Ziegelrot mit dunkelgoldenen Lichtern, komplexes Bukett (Walnuß, Marzipan, Pfirsich, Beeren) über einem runden Holzton, klare Ansprache bis ins elegante Finish.

Royal Diamond
(75 cl, 20 %vol)

Tawny mit Altersprädikat, im Durchschnitt 20 Jahre im Eichenfaß gelagert.

Recht »animalischer« Port mit würzig-pfeffrigem Aroma über reicher Kirsche und Nuß, lebhafte Tannine, langer Abgang.

Vintage 1985
(75 cl, 20 %vol)

Aus dem erstklassigen Jahr 1985, 1987 zum langjährigen Weiterreifen auf Flaschen gefüllt.

Beachtlicher, schon recht reifer Vintage mit floral abgestimmter Fruchtnase, guter Gerbstoffstruktur und ausgeglichenem Finish – ein stattlicher Port.

GRAHAM

W. & J. Graham & Co.
Trav. Barao Forrester, 85
4401 Vila Nova de Gaia

Auf die Idee, ihr Familienname könnte einmal als Synonym für besonders vollmundige und süße Portweine der Spitzenkategorie stehen, wären die Brüder William und John Graham aus Glasgow nie gekommen, als sie sich 1808 geschäftlich in Lissabon niederließen – zumal sie eine Wollhandlung gegründet hatten. 1822 jedoch mußten sie 27 Fässer Port als Pfand akzeptieren - ein Pfand, das nie eingelöst wurde. Der beim Verkauf erzielte Gewinn brachte die geschäftstüchtigen Schotten auf den Geschmack. Als 1882 ihr Landsmann Andrew James Symington als Manager des Wollgeschäfts nach Porto kam, fand er bei den Nachfahren der Gründerväter einen kleinen, aber florierenden Porthandel vor, der ihn so sehr interessierte, daß er bereits zwei Jahre später im staatlichen Auftrag höchst erfolgreich als Konkursverwalter der Portfirma Burnay agierte. 1890 bewog Symington die Grahams, die Quinta dos Malvedos zu kaufen, die schnell zum Zentrum der önologischen Bemühungen werden sollte. 1905 verließ Syming-

Rebhänge der Quinta dos Malvedos

ton das Unternehmen und wurde erst Teilhaber, kurz darauf Inhaber des Hauses Warre. Nicht ohne weiterhin freundschaftlichen Kontakt zu den Grahams zu halten. 1970 verkaufte die Familie ihr Porthaus zusammen mit ihrer Zweitmarke Smith-Woodhouse an Andrew James' Söhne und Enkel, die die Symington Group als Familienunternehmen mittlerweile zur bedeutendsten Unternehmensgruppe Portos ausgebaut hatten.
Innerhalb der Gruppe gelten die Graham Ports als stilvolle Klassiker, wobei der derzeitige Master Blender, Peter Symington, großen Wert auf Erhaltung von fruchtiger Süße legt und jeden Graham-Vintage zu einem typischen Vertreter dieses noblen Hauses macht. Die Graham Lodge, das pittoreske Lagerhaus in den Hügeln über Vila Nova de Gaia, wurde mit Restaurant und Shop zu einem repräsentativen Besucherzentrum ausgebaut und bietet interessante Einblicke in die Zusammenstellung und Lagerung von Port.

Six Grapes
(75 cl, 20 %vol)

Eine der ältesten Portmarken, die heute noch angeboten werden. Die Weine stammen von denselben Weinbergen, die auch den Vintage liefern, und werden 5 bis 6 Jahre im Eichenfaß gelagert. Cuvée aus zwei bis drei aufeinanderfolgenden Jahrgängen.

Sehr reicher, voluminöser Port mit kirschroter Farbe und weicher, fruchtiger Nase. Duftanklänge an Pflaumen, Pfirsich und Kirschen setzen sich mit etwas Nuß bis auf die Zunge fort. Gut integrierte Tannine, langer Abgang.

LATE BOTTLED VINTAGE 1990
(75 cl, 20 %vol)

Aus dem guten, aber nicht überragenden Jahrgang 1990, 6 Jahre im Holzfaß gelagert, 1996 abgefüllt.
Typischer Vetreter des »Graham-Stils«: vollmundig, mit einem an eingemachte Früchte erinnernden Bukett, das komplex, konzentriert und cremig wirkt, ohne zu schwer oder gar behäbig zu wirken. Eleganter Nachklang.

VINTAGE 1980
(75 cl, 20 %vol)

Aus dem nur kleine Mengen in hervorragender Qualität liefernden Jahrgang 1980, der schnell reifte, aber durch gute Tanninstruktur lange lagerfähig bleibt.
Harmonischer, warmherziger Vintage mit feinem, durch Schwarzkirsche und Pflaumen, aber auch Veilchen und getrocknete Rosen geprägtem Aroma, zu dem sich am Gaumen elegante Himbeernoten gesellen. Trockener werdender Abgang verleiht zusätzlich Charakter – sehr schön!

Graham/ QUINTA DOS MALVEDOS

Sao Mamede de Riba Tua
5070 Alijo

Eines der ältesten Graham-Besitztümer, nach zwischenzeitlichem Besitzerwechsel seit 1982 wieder zum Unternehmen gehörig und von den Symingtons mit Millionen-Aufwand in eine Vorzeige-Quinta verwandelt. Größte Sorgfalt gilt den 88 Hektar Rebanlagen, die nach der Neuanlage komplett maschinell bearbeitet werden können. Die Reben sind hier sortenrein ausgepflanzt, so daß jede Sorte zu ihrem optimalen Zeitpunkt gelesen werden kann. Seit dem Neubau einer hochmodernen Kellerei werden die Weine von Malvedos und benachbarter, seit Jahrzehnten vertraglich gebundener Quintas auf dem Besitz vinifiziert.

MALVEDOS VINTAGE 1984

(75 cl, 20 %vol)

Erster Jahrgang, in dem der lange eingeführte Malvedos Vintage, dank Zukauf der umliegenden Weinberge, vollständig aus eigenem Rebgut erzeugt werden konnte – der erste »Single Quinta« von Malvedos. Elegant, feines Tannin, floral-fruchtig geprägt (Veilchen, Lindenblüten, Pfingstrosen, Pflaume, Kirsche). Trinkfertig, bei hohem Alterungspotential.

HUNT, CONSTANTINO

Hunt, Constantino, Vinhos, Lda.
Rua da Carvalhosa 19/103
4400 Vila Nova de Gaia

Zusammenschluß der beiden renommierten Portweinhäuser Hunt-Roope und Constantino unter der Ägide von Ferreira. Seit 1735 spielten Hunt, Roope, Teague & Co. eine gewichtige Rolle in Oporto, ihre Vintage-Marke »Tuke Holdsworth« hatte im 19. Jahrhundert besten Klang. 1893 kaufte das Unternehmen die Quinta da Eira Velha, die bis zur Übernahme durch Ferreira im Jahre 1956 zu Hunt-Roope gehörte. Hier hatte Cabel Roope, einer der Charakterköpfe Portos, seine Bühne. Er sei nie nüchtern gewesen, heißt es, und über sein schlechtes Portugiesisch sind bis heute Witze im Umlauf. Vielleicht ist etwas Wahres dran – in jedem Fall war Cabel Roope einer der Schrittmacher im Bereich der Erzeugung von Spitzenports.

Unter Ferreira-Leitung stellte Hunt-Roope bis vor wenigen Jahren Ports unter dem alten Label her. Anfang der 90er Jahre wurde die Firma mit dem ebenfalls zu Ferreira gehörenden Porthaus Constantino fusioniert. Dieses war Ende des 19. Jahrhunderts von Constantino de Almeida gegründet worden. 1910 kaufte Almeida die im Cima Corgo gelegene Quinta do Crasto, schon damals ein wichtiger Traubenlieferant für Ferreira, auf der immer noch Wein für die Hunt, Constantino-Ports angebaut wird.

Heute wird unter der Marke »Constantino« vor allem das Marktsegment der mittelpreisigen, jungen Ports abgedeckt, die nach wie vor größtenteils nach Frankreich exportiert werden. Daneben werden in außerordentlich guten Jahren auch Vintages hergestellt, allerdings wesentlich seltener als bei Ferreira. Die Vinifizierung, ebenso wie die Lagerung, findet bei Ferreira statt. Die dortigen hervorragenden technischen Einrichtungen, inklusive High-Tech-Labor, kommen auch den sehr sauberen, konsequent durchstrukturierten und klar positionierten Hunt, Constantino-Ports zugute.

CONSTANTINO WHITE
(75 cl, 20 %vol)

Aus weißen Rebsorten gekeltert, vor dem Aufspriten fast ganz durchgegoren, nur kurze Zeit in Holzfässern gelagert.
Blonder, im Duft verhalten fruchtiger, fast dezenter Port mit deutlich traubigem, neben zarten Holztönen angenehm süßem Geschmack.

CONSTANTINO RÉSERVE SPÉCIALE
(75 cl, 20 %vol)

Junger Tawny, etwa 5 Jahre im Eichenfaß gereift.
Appetitanregender Port mit deutlichem Nußton, durch florale Aspekte (Potpourri, Teerose, Lilien) im Duft trocken wirkend. Am Gaumen kraftvoll-elegant mit fülliger Beerensüße und Power bis ins Finish.

CONSTANTINO 10 YEARS OLD
(75 cl, 20 %vol)

Faßgereifter Port des altersspezifischen Typs nach 10 Jahren Lagerung. Die einzelnen Weine lagerten dabei zwischen 6 und 15 Jahren im Eichenfaß.
Vollmundiger, recht süßer Tawny mit kräftiger Nuß (Walnuß, Pecan, etwas Marzipan) und feinem, dunklem Beerenton.

CONSTANTINO TAWNY
(75 cl, 19 %vol)

Eher leicht, von zarten Nußtönen und überkräftiger Beerenfrucht akzentuiert, mit anhaltendem, süßer werdenden Abgang.

MAC DUFF'S

C. da Silva Vinhos SA.
Rua Felizardo de Lima, 247
4401 Vila Nova de Gaia

Deutsche Handelsmarke der Importfirma Dethleffsen aus Flensburg. Hergestellt vom kleinen, aber hochrangigen Erzeuger C. da Silva, der sich seit über einem Jahrhundert in spanischem Besitz befindet. Andere Handelsmarken von C. da Silva sind Presidential und Dalva, von der neben Standardsorten auch Late Bottled Vintage, 10- und 20jährige Tawnies sowie Vintage Port erhältlich sind.

Die Weine dieses Hauses werden auf der 1971 erworbenen Quinta de Avidagos vinifiziert, an der Grenze der Weinbaugebiete unterer und mittlerer Douro (Baixo Corgo/ Cima Corgo) – hier wird bevorzugt Traubengut ankauft und der Wein nach eigenen Vorstellungen selbst gekeltert. Dafür stehen Autovinifizier-Anlagen und Betontanks zur Verfügung; ebenso eine Kühlanlage, die 60 000 Liter Wein pro Stunde stabilisieren kann. In der Kellerei der Quinta stehen umfangreiche Lagerkapazitäten zur Verfügung, obgleich die Weine schon drei Monate nach der Lese zum Ausreifen im Eichenfaß und zur Abfüllung nach Vila Nova de Gaia gebracht werden.

Die 15 mit Reben bestockten Hektar des 20 Hektar großen Besitzes sind zu 90 Prozent mit Rotweinreben bepflanzt - hauptsächlich Tinta Francesa, Roriz und Barocca. Daneben sind die weißen Malvasiervarianten Fina und Corada vertreten.

Die Weine der Quinta de Avidagos wurden in Jahren wie 1977, 1978, 1982, 1983, 1985, 1987 und 1991 zu Vintage-Port ausgebaut, ansonsten entsteht hier Single Quinta Port, als Late Bottled Vintage oder Ruby.

Mac duff's White Port
(75 cl, 20 %vol)

Aus den Weißweinsorten Malvasia Fina, Viosinho und Malvasia Corada hergestellt, kurz in Fässern aus Eichenholz gelagert.
Leuchtendes Gold, im erfrischenden Duft dominieren grüne Töne vor herbem Wildhonig und einem Hauch Nuß; voluminöser Körper mit fruchtig-traubigem Charakter, würzige Honignoten klingen nach.

Mac duff's Tawny Port
(75 cl, 20 %vol)

Jugendlicher Tawny, etwa 4 bis 5 Jahre in Eichenfässern gelagert.
Purpurrot, fruchtiger Duft mit Anklängen an Kirschen, Pflaumen, Aprikosen, schokoladiger Körper mit zarten Bittertönen.

MAC DUFF'S 10 YEARS OLD
(75 cl, 20 %vol)

Im Durchschnitt 10 Jahre lagerten die Ports für diesen Tawny mit Altersprädikat.
Kräftiger Wein mit nussigem, durch Röstaromen akzentuiertem Duft mit feiner Weihrauchnote, am Gaumen rund, samtig und recht süß.

Weitere Qualitäten:

Neben der vorgestellten Typenpalette der Handelsmarke Mac Duff's produziert der Erzeuger die Marken PRESIDENTIAL *und* DALVA *sowie* SINGLE QUINTA PORT *der Quinta de Avidagos.*

MESSIAS

Soc. Agricola e Comercial dos Vinhos Messias, SA
Rua José Mariani, 139
4401 Vila Nova de Gaia

Erst 1926 von Baptista Messias gegründetes Haus, das dieser – von seinem Einstieg ins Portgeschäft 1934 an – zu einem der am höchsten bewerteten Porthäuser gemacht hat. Heute noch im Familienbesitz, produziert diese Kellerei nicht nur Port, sondern aus umfangreichem eigenem Weinbergbesitz auch Weine der kontrollierten Herkunftsbezeichnungen Dao, Vinho Verde, Bairrada und Douro, stellt Sekt her und destilliert Wein- und Tresterbrände.
Schon sehr früh erkannte Baptista Messias den Wert eigener Rebanlagen und investierte in Grund und Boden. Für die Herstellung von Portwein erwarb er 1956 und 1958 die beiden nebeneinander, am oberen Douro in der Nähe von Sao Joao de Pesquera gelegenen Quintas do Cachao und do Rei, die zwar in den Jahren zuvor heruntergekommen waren, deren Boden aber in die höchste Qualitätskategorie A eingestuft war. Umfangreiche Neupflanzungen und Investitionen in Kellerei und Lagerhallen der beiden heute ein Weingut bildenden Quintas folgten. Eine Geldanlage, die sich ausgezahlt hat. In Vila Nova de Gaia verfügt Messias zusätzlich über umfangreiche Lagerhallen, die nur der Port-Produktion dienen.
Nur die besten Ports aus eigener Produktion werden für die Herstellung von Vintages berücksichtigt. Hier ist Messias zusammen mit der Real Companhia Schrittmacher bei der Entwicklung des modernen Vintage-Stils: Leichtere, schneller trinkreife Weine mit gefälligeren Tanninen fordert der Verbrauchergeschmack – das Haus Messias beweist, daß ein Wandel im Charakter nicht auf Kosten der Qualität gehen muß. Vintage-Jahre seit 1955 waren 1960, 1963-1967, 1970, 1975-1980, 1982-1985 sowie 1989.

WHITE PORT
(75 cl, 20 %vol)

Aus zugekauftem Traubengut der Sorten Malvasia Fina, Donzelinho Branco, Cào, Viosinho und Rabigato, mindestens 2 Jahre im Eichenfaß gelagert.
Leichter, appetitanregender Aperitif mit fruchtigem Aroma und vollem, rundem Körper.

20 YEARS OLD
(75 cl, 20 %vol)

1995 abgefüllter Premium-Tawny mit Altersprädikat, die Weine lagerten im Durchschnitt 20 Jahre im Eichenfaß.
Würziges Aroma mit reifer Frucht über nussigem Zimtaroma, kräftiger Geschmack mit deutlichen Tanninen und Noten von in Alkohol eingelegten Fruchten.

Late Bottled Vintage 1980

(75 cl, 20 %vol)

Aus dem kleinen, aber erstklassigen Jahrgang 1980 – vorwiegend Weine der Quinta do Cachao, 5 Jahre im Holzfaß gereift, 1985 abgefüllt.

Intensive, strahlende Farben, kräftiger Duft nach Himbeer, Fruchtkompott, Weihrauch, am Gaumen charaktervoll mit langem fruchtigen Nachklang.

Messias/ QUINTA DO CACHAO

Sociedade Agricola e Comercial dos Vinhos Messias, SA
Ferradoza
5130 Sao Joao da Pesqueira

Eine der größten Quintas am oberen Douro, in unmittelbarer Nachbarschaft von Taylor's nobler Quinta de Vargellas. Seit 1845 wird hier Wein zur Portweinerzeugung angebaut, seit 1958 ist die Quinta Zentrum der önologischen Forschungen von Messias, die hier vor allem die aus Portugal stammenden Rebsorten durch Weiterzüchtung fördern. Mehr als die Hälfte der 63 Hektar Rebhänge sind noch traditionelle Terrassen, die mit Touriga Francesca, Tinta Roriz, Cao, Nacional und Barroca bepflanzt sind. Die Weinbereitung erfolgt in modernen Autovinifizieranlagen; die Ports lagern vor dem Transport nach Vila Nova länger als üblich auf der Quinta.

VINTAGE CHARACTER

(75 cl, 20 %vol)

Premium Ruby-Port, zwischen 4 und 5 Jahren im Eichenfaß gelagert; die Weine stammen von Qualitätslagen am oberen Douro.

Leichterer, sehr weicher und kräftig roter Port mit fruchtigem Charakter und sanftem, leicht nussigem Abgang.

Quinta do Cachao Vintage 1984
(75 cl, 20 %vol)

Eine Rarität - offiziell deklarierter Vintage, dessen Weine nur von einer Quinta stammen.

Verführerischer Port - intensives Aroma nach Unterholz, Beeren und etwas Trüffel (?) prägt das Bukett, geschmeidige Tannine verhelfen zu einem eleganten Ausdruck.

Quinta do Cachao Vintage 1985
(75 cl, 20 %vol)

Leichter, fast zarter und schon gut trinkreifer Vintage.

Komplexes Bukett mit floralen Akzenten, am Gaumen raffinierte Frucht und gut dosierte Tannine. Lang.

NIEPOORT

Niepoort Vinhos SA
Rua Infante D. Henrique, 39
4000 Porto

Eines der außergewöhnlichsten Porthäuser, 1848 von der deutsch-holländischen Familie Van der Niepoort gegründet. Seit 1987 bestimmt mit Dirk Niepoort einer der jüngsten und innovativsten Portmacher die Geschicke der Firma, die sich unter seinem Vater Rolf einen Namen für ihre faßgereiften Jahrgangsports, die Colheitas, gemacht hatte – Ports, die nur auf Anfrage abgefüllt wurden und sich dank eines speziellen oxidativen Verfahrens bei der Lagerung ihre Struktur, auch nach der Abfüllung, über Jahrzehnte, wenn nicht Jahrhunderte hindurch bewahren. Ebenfalls berühmt: die Garrafeira-Ports, spätgefüllte Vintages, die nach einer Zeitspanne zwischen 3 und 7 Jahren im Eichenfaß in größeren Demijohns-Fässern weiterreifen, bis sie nahezu ohne Depot abgefüllt werden. Von den Colheitas sind derzeit Jahrgänge ab 1900 erhältlich, die Garrafeiras reichen bis 1931 zurück.
Dieses klassische Erbe pflegt Dirk Niepoort weiterhin – nicht ohne die Zeichen der Zeit zu erkennen und sich darauf einzustellen. Den sich fortlaufend verstärkenden Trend hin zu weißen Ports beantwortete er mit der Kreation von fünf (!) gelungenen Varianten: mit dem süßen, klassisch orientierten Muscatel, dem spritzig-fruchtigen Dry White, dem Ultrasec – einem körperreichen, vollmundigen, dabei aber völlig trockenen Aperitif – sowie zwei älteren Qualitäten, dem etwa 10 Jahre alten, halbtrockenen Blansec und dem 20 Jahre gelagerten Very Dry Old. In den 80er Jahren komponierte der sensorisch hervorragend geschulte Niepoort eine Linie von Late Bottled Vintages mit einheitlichem Geschmacksprofil, aber jeweils eigener Persönlichkeit, die regelmäßig bei Blindverkostungen reüssierten. Hohe Anerkennung finden auch die Vintages von Niepoort, die nach der Mindestfaßreife nicht gleich auf Flaschen gezogen werden, sondern im

Vintagekeller in großen Glasballons langsam weiter reifen können, bevor sie verhältnismäßig spät abgefüllt werden.
Seit 1988 besitzt Niepoort die Südufer-Quinta de Nàpoles, an der Grenze zwischen unterem und mittlerem Douro bei Régua gelegen; eine der ältesten Quintas der Kategorie A, zu der auch die Rebhänge der Quinta do Carril gehören, von der 1991 mit dem »Redoma« der erste Rotwein Niepoorts auf den Markt gebracht wurde. Beim Kauf war dies kein sonderlich gepflegtes Anwesen, doch seither wurden neue Terrassen angelegt und teilweise mit unüblichen, aber zugelassenen Rebsorten bepflanzt, die alten Pflanzungen gesichtet und rekultiviert, alte, mit der Quinta übernommene Fässer restauriert, die Kellerei und Lagergebäude saniert und mit moderner Technik ausgerüstet – die Quinta de Nàpoles ist auf dem besten Weg zurück an die Spitze. Nicht jeder ist offen für neue Ideen im traditionalistischen Porto – doch auch hier ist Spielraum für die Moderne, wie sie in den Ports mit der Handschrift von Dirk van der Niepoort zum Ausdruck kommt.

Ein ungewöhnlicher Vintage-Keller

SENIOR
(75 cl, 20 %vol)

7 Jahre reifte dieser Tawny im Fässern aus portugiesischer Eiche in Vila Nova de Gaia.
Komplexer Wein mit Finesse; zarte Kirschtöne verbinden sich mit nussigen Gewürzkomponenten im samtigen Aroma.

DRY WHITE
(75 cl, 20 %vol)

Vollständig durchgegorener weißer Port, 3 Jahre im Eichenfaß gelagert.
Spritziger Port mit feinem Fruchtbukett und grasigen Noten, am Gaumen rund und appetitanregend – erstklassiger Aperitif.

20 YEARS OLD
(75 cl, 20 %vol)

Mindestens 20 Jahre reiften die Ports für diesen Tawny – tatsächlich wohl eher wesentlich länger; 1995 abgefüllt.
Sympathischer Tawny: trotz der Reife seines Alters immer noch ein quicklebendiger Schwerenöter. Lebhaftes Frucht-Gewürz-Aroma über tiefer Nussigkeit, kraftvoller Körper mit dosierter Samtigkeit bis ins lange Finish.

LATE BOTTLED VINTAGE 1990
(75 cl, 20 %vol)

Unter dem Zweit-Label »Petre's« wurde ein Teil dieser hochwertigen Cuvée als Vintage bereits nach 2 Jahren auf Flaschen gezogen; der LBV wurde dagegen 4 Jahre gelagert und 1994 abgefüllt.
Prächtig ausgefallener Port mit würziger Fruchtnase nach Weichseln, Brombeeren und mokkatöniger Schokolade. Feine Gerbsäure. Im Abgang taucht eine harmonische Holznote auf.

COLHEITA 1985

(75 cl, 20 %vol)

Jahrgangs-Port aus dem Spitzenjahr 1985, nach 9 Jahren im Eichenfaß 1994 abgefüllt.

Klare Farbe, klar strukturiertes Aroma – bezieht seinen Reiz aus der Kombination von reifer Frucht mit angenehm spürbaren Tanninen.

VINTAGE 1982

(75 cl, 20 %vol)

Aus dem gern als »elegant« bezeichneten Jahrgang 1982, als einem trockenem Winter ein heißer Sommer folgte und die Ernte sehr früh erfolgte.

Fein ausbalancierter Port mit komplexem, durch üppige Frucht und Unterholz-Noten bestimmtem Aroma, solide Tannine am Gaumen, langer, großzügiger Abgang – ein gelungener Vintage mit Lager-Potential.

NOVAL

Quinta do Noval Vinhos, SA
Av. Diogo Leite, 256
4401 Vila Nova de Gaia

Dem Vernehmen nach das erste von Portugiesen selbst gegründete Portweinhaus, 1715 hervorgegangen aus dem Weingut Noval im Mendiz-Tal bei Pinhao, am Mittellauf des Douro. Heutzutage der einzige etablierte Shipper in Vila Nova de Gaia, der den Namen einer Quinta als offizielle Bezeichnung für seine Vintages nutzt. Alle anderen Ports dieses Hauses – abgesehen auch von den anderen Jahrgangs-Ports, den Late Bottled Vintages und Colheitas – heißen schlicht »Noval«.

Derzeit sind Bestrebungen im Gange, den Firmensitz voll und ganz auf die Quinta zu verlegen, was erst seit 1986 rechtlich möglich ist, und auch sämtliche Ports im heißen Land am Douro ausreifen zu lassen. Die schrittweise Umsetzung dieser Maßnahmen in den letzten Jahren wurde von Weinkennern zunächst mit Skepsis betrachtet: Schließlich zählt der Vintage (und hier vor allem der rare »Nacional« von dem gleichnamigen winzigen Weinberg direkt am Haupthaus der Quinta) doch regelmäßig zu den Gewinnern bei Weinauktionen und galt bislang als sichere »Bank« bei der Spekulation auf Vintage-Zukunft. Doch Christiano und Teresa Van Zeller, damals Chefs des seit 1894 im Familienbesitz befindlichen Porthauses, ließen sich – im Vertrauen auf ihr Land und mit der Aussicht auf die Chance, ihren Weinen einen unverwechselbaren Charakter zu geben – von solch unbegründeten Befürchtungen nicht beirren.

Christian Seely, neuer Noval-Chef

1993 führte ein Zerwürfnis in der Familie zum Verkauf an die französische Investorfirma AXA. Auch die seither Verantwortlichen, Jean-Michel Cazes und Christian Seely, halten angesichts der hervorragenden Entwicklung der Noval-Ports am Van Zeller'schen Konzept fest: Rebanbau, Vinifizierung, Porterzeugung und Lagerung an einem Ort, auf einer Quinta – als Grundlage einer unverwechselbaren Handschrift.

OLD CORONATION WHITE PORT

(75 cl, 19 %vol)

Aus zwischen 2 und 3 Jahren auf der Quinta gelagerten Weinen der traditionellen weißen Rebsorten der Region.

Strohfarben, mit zartem Fruchtbukett und süßem, angenehm rundem Körper.

OLD CORONATION RUBY PORT

(75 cl, 19 %vol)

3 Jahre lagerte dieser jugendliche Ruby im Eichenfaß. Kräftiges Kirschrot, fruchtiges Bukett mit leichten Holznoten, am Gaumen süße Beerenfrüchte, im Abgang trockener werdend.

10 YEAR OLD

(75 cl, 20 %vol)

Der jüngste der drei Tawnies mit Altersprädikat – im Durchschnitt 10 Jahre alte Weine bilden die Basis dieses 1994 abgefüllten Ports. Kupferfarbe, elegante Nase mit kräftigen, dabei süßlichen Röstaromen (Mokkaschokolade, Toffees), mittelschwerer, von reifer Frucht geprägter Körper mit samtigem, schokoladigem Abgang.

20 YEAR OLD
(75 cl, 20 %vol)

Im Durchschnitt 20 Jahre im Holzfaß gelagerte Cuvée, 1995 abgefüllt.
Amberfarben, weicher Dufteindruck nach Haselnüssen, Pflaumenkompott und Gewürzen, auf der Zunge cremig und anschmiegsam, mit langem Abgang.

QUINTA DO NOVAL LATE BOTTLED VINTAGE 1989
(75 cl, 20%vol)

Nur aus eigenem Rebgut der Quinta do Noval, nach traditioneller Methode in Lagares gestampft, bis 1994 in Eichenfässern gelagert.
Bei lebhafter Farbe, reichem Bukett mit tiefer Beerenfrucht (Kirsche, Brombeere, Cassis) und Kräuteraspekten demonstriert dieser LBV Kraft mit Stoffigkeit, festen Tanninen und bemerkenswerter Nachhaltigkeit.

QUINTA DO NOVAL COLHEITA 1937
(75 cl, 20 %vol)

Im Faß gereifter Jahrgangsport des hochgerühmten Portjahres 1937, erst 1995 abgefüllt.
Bernsteinfarben, komplex-versammelte Nase mit leichtem Rancio (Nüsse, Marzipan, Weihrauch, Röstaromen über Trockenobst), finessenreich und samtig bis in den langen Schluß.

QUINTA DO NOVAL VINTAGE 1982
(75 cl, 21 %vol)

Wie alle Noval-Vintages der letzten Jahrzehnte ein echter Single Quinta Port, von Robert Parker als »charaktervoll« und mit 87/100 Punkten bewertet.
Komplexer Port mit sehr ausdruckstarker, fruchtbetonter Ansprache (Röstaromen, Rosinen, Pflaumen, Mokkaschokolade) und majestätischer Geschmacksfülle bei stabilem Tanningerüst.

Noval/ QUINTA DE RORIZ

Quinta do Noval - Vinhos SA
Ervedoza do Douro
5130 Sao Joao de Pesqueira

Eine Quinta mit 150 Hektar der Kategorie A am mittleren Douro, die schon Ende des 18. Jahrhunderts berühmt für ihre Single Quinta Ports war. Seit 1775 gehörte die Quinta der Familie Van Zeller und kam durch die Heirat von Christiano van Zeller mit der Noval-Erbin Rita de Vasconcelos-Porto zur Quinta de Noval, mit der auch Roriz 1993 an das französische Investmenthaus AXA verkauft wurde.

Die Trauben und teilweise auch die auf der Quinta vinifizierten Weine wur-den im Laufe der Jahrhunderte von verschiedenen Porthäusern gekauft und auch als Roriz-Vintages auf den Markt gebracht – bespielsweise erzielte der 1851er Roriz Vintage auf einer Londoner Auktion im Jahre 1872 einen Rekordpreis, was der erst 1983 bei Christie's versteigerte 1834er Roriz (als wohl frühestes Beispiel eines Single Quinta Ports) wiederholen sollte. Von 1900 bis Mitte der 30er Jahre bot dann die Port-Tochter des Sherryhauses Gonzales Byass den Roriz Vintage mit viel Erfolg an.

Nachdem sie ihre Weine über Jahrhunderte an Shipper verkauft hatten, knüpften die Van Zellers 1991 erstmals in eigener Regie an diese Tradition an, die auch der neue Inhaber fortführen wird. Mit diesem Ziel wird derzeit bei Roriz investiert: Die Weinberge, die über Jahrzehnte nur ein Drittel des Landbesitzes ausmachten, werden erweitert, neue Rebterrassen aus den Hügeln herausmodelliert und bepflanzt, die Kellerei erneuert und modernisiert. Man darf gespannt darauf sein, ob die Quinta ihren einst sagenhaften Ruf wiedergewinnen kann. Passionierte Port-Sammler haben das mögliche Potential bereits erkannt.

LATE BOTTLED VINTAGE 1988
(75 cl, 20 %vol)

1994 abgefüllter Jahrgangsport aus dem nur von fünf Herstellern zum Vintage-Jahr deklarierten Jahr 1988.
Kräftige Farbe, elegantes Fruchtbukett mit floralen Untertönen (Teerose, Lindenblüten), am Gaumen gut integriertes Tanninkorsett mit samtweicher Frucht. Lang.

VINTAGE 1991
(75 cl, 20,5 %vol)

Erster Single Quinta Vintage von Roriz seit Jahrzehnten – aus einem erstklassigen Jahrgang.
Stoffiger, noch recht verschlossen wirkender Vintage mit Zukunft: schon jetzt reiches Kirschen-Brombeer-Aroma, die Gerbsäure noch dominant, aber Gerüst und Aromaqualitäten stimmen bereits.

OFFLEY

Forrester & Ca., Lda.
Rua Guilherma Braga, 38
4401 Vila Nova de Gaia

Ein Porthaus mit bewegter Geschichte, heute bekannt für seine Ports mit sehr gutem Preis-Leistungs-Verhältnis. 1737 gründete der aus einer bekannten Londoner Patrizierfamilie stammende William Offley mit englischem Geld die Firma Offley, Etty, Offley & Co. 1803 kam sein Landsmann James Forrester als aktiver Teilhaber hinzu, der seinen Anteil 1831 seinem Neffen Joseph James Forrester vererbte – einem visionären Charakterkopf, dem die bis heute lebendige Reputation von Port als »Klassiker« mit zu verdanken ist. Joseph Forrester begann seine Karriere mit viel Verve und Weitsicht: Er lernte Portugiesisch, was damals höchst ungewöhnlich für einen britischen Portfürsten war, und machte sich zahlreiche Freunde in der Heimat des Ports, in allen Bevölkerungsschichten. Der Kunstfreund und feinsinnige Genießer kartographierte den Douro, begeisterte mit seinen Aquarellen für die wilde, ungezügelte Flußlandschaft, ermöglichte Forschungen zu Rebkrankheiten und entwickelte eine Methode, feinstes Olivenöl herzustellen. Vor allem aber produzierte er ordentlich gemachten, sauberen Port – auch wenn seine wahre Liebe den natürlichen Douro-Weinen ohne Alkoholzusatz galt. 1855 adelte ihn der König von Portugal wegen seiner Verdienste um den Wein aus Porto.

Heute noch bilden die Weine der von Forrester erworbenen Quintas da Boa Vista, da Cachuca und Ujo das Rückgrat der Offley-Forrester-Ports, arbeitet die Firma im Sinne von Baron Forrester: Bestes Traubengut, sorgfältige und vor allem saubere Vinifizierung der Grundweine, traditionelle Herstellung, Lagerung in gepflegten Holzfässern und konsequent auf den Stil des Hauses zugeschnittene Zusammenstellung der Cuvées ermöglichen einen hohen Wiedererkennungswert. Das gilt besonders für die Vintages, die von der Quinta da Boa Vista stammen. Die Lage des Weinguts in einer muschelartigen Ausbuchtung der Hügel am Douro gibt den Weinbergen ihr eigenes, sehr heißes Mikroklima – normalerweise beginnt die Weinlese-Saison am Douro hier. 50 Hektar stehen derzeit unter Reben, neben 82 Prozent Rotweinrebsorten wie Tinta Barroca, Amarela, Roriz sowie der französischen und portugiesischen Touriga auch (im Bereich der Boa Vista heute eingegliederten Quinta de Cachuca) 12 Prozent Weißweinreben, die die Weine für den cremig-runden, fünf Jahre gelagerten Cachuca Superb White liefern. Wir verkosteten dessen jüngere Version:

OFFLEY FINE WHITE
(75 cl, 19 %vol)

3 Jahre im Eichenfaß gelagerter weißer Aperitif. Goldgelb, mit fruchtbetonter Blütennase und feinem, sehr sauberem Körper von mittlerer Schwere.

DUKE OF OPORTO RUBY
(75 cl, 19 %vol)

3 Jahre gelagerter Port.
Rubinroter, körperreicher Port mit jugendlichem, von saftiger gelber Frucht (Pfirsich, Aprikose) betontem Aroma.

BARON DE FORRESTER 10 YEARS
(75 cl, 20 %vol)

Einer der bekannntesten Markenports mit Altersprädikat - eine Cuvée aus durchschnittlich 10 Jahre gelagerten Ports; unsere Probe wurde 1994 abgefüllt.
Bernsteinfarben, komplexes Aroma mit würzigen Fruchttönen (Trockenobst, Vanille, Nougat, Kaffee), subtil-weicher Körper, lang!

OSBORNE

Osborne Vinhos de Portugal & Ca, Lda.
Rua de Cabaca, 37
4400 Vila Nova de Gaia

Portugiesische Tochtergesellschaft des renommierten spanischen Sherry- und Brandy-de-Jerez-Erzeugers Osborne. 1772 gründete Don Tomas Osborne y Mann in der pittoresken, unweit von Jerez de La Frontera an der Bucht von Cadiz gelegenen Hafenstadt El Puerto de Santa Maria sein Handelshaus, das damit zu den ältesten und heute auch zu den bekanntesten Herstellern des, ähnlich wie Port, aufgespriteten Weines der Region Jerez gehört. Tomas Osborne, mit einer Tochter des deutschen Konsuls Nicolas Böhl de Faber verheiratet, war ein weltoffener Mann und gab die Freude an der Begegnung mit dem Unbekannten an seinen nach Familientradition gleichfalls Tomas genannten ältesten Sohn und Erben weiter – wie auch an dessen Bruder Juan, der als Diplomat so erfolgreich für die spanische Königin Isabella II. und den Katholizismus eintrat, daß ihn Papst Pius IX. 1869 zum Grafen von Osborne ernannte. Ein Titel, der in der Familie blieb: Heutiger Firmenchef ist der vierte Graf von Osborne, Don Tomas. Auch die Weltoffenheit blieb eine typische Charakterei-

In Portugal wie in Spanien: der Stier – Symbol für Osborne

genschaft dieser Familie: Die Osbornes schauten über den Tellerrand des Sherry-Horizonts und erkannten im Portwein einen seelenverwandten Nachbarn, der, ebenfalls ein klassischer Wein, in etwa den gleichen Kundenkreis ansprach wie ihr Sherry. Besonders der von Osborne Vinhos de Portugal erzeugte Vintage erfüllt die in ihn, wie in die Standardqualitäten, gesetzten Erwartungen: Gut und doch bezahlbar soll er sein, ein echter Markenartikel eben. Vintage-Jahre seit 1955 waren 1960, 1970, 1982, 1985, 1991 und 1992.

RUBY

(75 cl, 19,5 %vol)

Jugendlicher, 3 Jahre im Eichenfaß gelagerter Port aus überwiegend leichten Grundweinen.
Leuchtend rot, tiefe Fruchtnase mit zarten Holznoten, am Gaumen auffrischend bis in den langen, recht süßen Abgang.

Tawny
(75 cl, 19,5 %vol)

Zwischen 5 und 7 Jahren lagerten die Ports für diesen trinkreifen Blend im Eichenfaß.
Kräftiges Rot mit bernsteinfarbenen Lichtern, im Duft dominiert tiefe Frucht nussige Untertöne, die auf der Zunge breiter und cremiger werden. Mittellang.

10 Years Old
(75 cl, 20 %vol)

Port mit Altersprädikat, 1995 abgefüllt.
Klar, aber etwas einfach strukturierter Tawny mit verhaltenem, durch Röstaromen und Frucht geprägtem Aroma, im Abgang leicht bitter werdend.

POCAS

Manoel D. Pocas Junior Vinhos, SA
Rua Viconde das Devesas, 186
4401 Vila Nova de Gaia

Am 15. August 1918 von dem damals 30jährigen Bauernsohn Manuel Domingues Pocas gegründetes Porthaus. Pocas war bereits als 12jähriger nach Porto gekommen und in den folgenden 18 Jahren zu einem wahren Portwein-Kenner gereift. Trotz großer Talente und finanzieller Unterstützung durch einen wohlhabenden Onkel war der Einstieg in einen von langjährig gewachsenen Beziehungen geprägten Markt nicht leicht: Eine Marktlücke mußte gefunden werden, und so begann Manoel Pocas, Branntwein zu erzeugen und zu vermarkten. Schnell stieg sein Unternehmen zu einem der großen Vier des Branntweinhandels auf, der Gewinn wuchs und der Einstieg in den eigentlichen Porthandel wurde langsam aber sicher möglich. Zuerst auf Basis von Tauschgeschäften, später durch gezielten Einkauf bei den Winzern am Douro. 1932, als durch die Verstaatlichung des Branntweinhandels die ursprüngliche Basis für Pocas' Geschäft weggefallen war, besaß er bereits die Quinta das Quartas und einen guten Namen für Markenports in Portugal selbst – was ihm über die Krisenzeiten vor und während des Zweiten Weltkriegs hinweg helfen sollte. Die Nachkriegszeit brachte Erfolge vor allem im französischen und belgischen Markt, weiterer Erwerb von Grundbesitz am Douro kam hinzu.
Seit Manoel Pocas' Tod im Jahre 1975 gehört die Firma seinen Enkeln und Urenkeln, die, mit der Zeit gehend, Lagerkapazitäten erweitert, in modernste Labor- und Keller-Technologie investiert und vor allem durch den Kauf der am Zusammenfluß von Varosa und Douro gelegenen Quinta de Santa Barbara und der Quinta de Vale de Cavalos die von Manoel Pocas gelegte Basis gesichert und erweitert haben. Hierzu gehörte auch, im Bereich des Königs der Ports, des Vintages, aktiver zu werden. 1960 stellte das Haus seinen ersten Vintage vor, dem 1963, 1964, 1970, 1975, 1977,

1978, 1982, 1983, 1985, 1990 und 1991 weitere folgten. Daneben wurde beispielsweise eine ganze Serie von internationalen Auszeichnungen für den 10 Years Old Tawny gewonnen, tauchen Pocas-Ports immer wieder auf vorderen Plätzen bei Vergleichsproben auf. Die gute Qualität bei gleichzeitig reeller Preisgestaltung hat das Exportgeschäft von Pocas enorm angekurbelt – der Erfolg im Auslandsmarkt wurde vom Land Portugal mit einer hohen Auszeichnung belohnt.

TWO DIAMONDS RICH TAWNY

(75 cl, 19 %vol)

Bei der Vinifizierung sehr früh aufgespriteter Port, zwischen 5 und 7 Jahren im Eichenfaß gelagert.

Kräftige Farbe, einschmeichelndes Bukett mit gelb-roter Fruchtnase und einem Hauch Karamell, rund, vollmundig, recht süß.

10 YEARS OLD TAWNY
(75 cl, 20 %vol)

Mehrfach preisgekrönte Port-Cuvée, zuletzt Goldmedaille und Preis der Jury der »Selections Mondiales 1994« in Kanada, 1994 abgefüllt.
Sehr eleganter Tawny - cremig-nussige Nase mit frischen Aspekten (Minze, Muskatnuß, frisch gemahlener Kaffee), am Gaumen sehr weich und samtig, mit trockeneren Noten im langen Finish.

VINTAGE 1991
(75 cl, 20 %vol)

Aus sehr guter Ernte, 1993 zur weiteren Lagerung auf Flaschen gezogen.
Ein glänzender Repräsentant eines hervorragenden Jahres – komplexes Bukett (Brombeere, Cassis, dann Wildgeruch, Juchten, Unterholz) mit solider, noch etwas herber Tanninstruktur und viel Kraft bis in den eindrucksvollen Nachklang.

QUARLES HARRIS

Quarles Harris & Ca., Lda.
Trav. Barao de Forrester, 85
4401 Vila Nova de Gaia

Eine weitere der kleinen britischen Portmarken mit hervorragendem Ruf. Nur 10 Jahre nach dem ältesten britischen Porthaus Warre 1680 gegründet, kam Quarles Harris recht bald durch Heirat in den Besitz seines Konkurrenten, wurde aber durch die Jahrhunderte unabhängig und mit eigenem Stil geführt. Heute gehört die Marke der Familie Symington, die sich bei der Herstellung der Ports auf langjährige Kontrakte mit Qualitätswinzern des Rio-Torto-Gebiets am oberen Mittellauf des Douro stützen kann. Von hier kommen auch die Trauben für die Herstellung der Vintage-Ports, die zu den preisgünstigeren ihrer Kategorie gehören, in guten Jahren aber nicht nur dem englischen Weinpapst Hugh Johnson als »intensiv mit kraftvollem Bukett« gefallen. Die Vintage-Jahrgänge seit 1955 waren 1960, 1963, 1966, 1970, 1975, 1977, 1980, 1983, 1985 und 1991. Voraussichtlich wird der Jahrgang 1994 gleichfalls als Vintage deklariert. Die derzeitige Marktpositionierung von Quarles Harris als erschwingliche Alltags-

Quarles Harris, gegründet 1680

marke mit Qualitätsanspruch zeigt sich besonders gut im unter dem Markennamen »Harris« angebotenen Standardangebot, vom Ruby bis zum 20jährigen Port.

Besonders britische Genießer bedauern allerdings, daß der »Invalid Port« heutzutage nicht mehr hergestellt wird – alten Presseberichten zufolge soll er »zahlreiche die Gesundheit fördernde Bestandteile« enthalten haben und sei »häufig von ärztlichen Praktikern gegen alle Arten von Anämie und andere Beschwerden« verschrieben worden...

FINE RUBY

(75 cl, 19 %vol)

Jugendlicher Port, 3 Jahre im Eichenfaß gelagert.
Kräftig rote Farbe, feinwürziges Bukett mit floral-fruchtigen Noten, am Gaumen streichelweich.

RAMOS-PINTO

Adriano Ramos-Pinto, Vinhos SA
Av. Ramos Pinto, 380
4401 Vila Nova de Gaia

Am Fin de Siècle begann der Stern des Porthauses Ramos-Pinto zu strahlen. Adriano Ramos-Pinto liebte Kunst und schöne Frauen, besaß Großzügigkeit und Humor. Die besten Voraussetzungen, um seine – nebenbei bemerkt hochklassigen – Ports in den richtigen Kreisen zum fashionablen Getränk zu machen. Doch auch die Breitenwirkung verlor der kunstsinnige Portmacher nicht aus den Augen: Seine Jugendstil-Werbeplakate sind heute nicht nur rare Sammlerstücke, sie taten auch ihre Wirkung. So erfolgreich entwickelte sich das 1880 gegründete Unternehmen, daß Ramos-Pinto 1915 die mitten im Städtchen Régua am unteren Douro gelegene Quinta de Sao Domingos der B-Kategorie und 1919 die zur Spitzenklasse gehörende Quinta de Bom Retiro Grande erwerben konnte. Wichtigster Auslandsmarkt war zu dieser Zeit die ehemalige portugiesische Kolonie Brasilien – heute werden die Ramos-Pinto-Ports weltweit erfolgreich verkauft. Ein Ergebnis, das auf die schon früh konsequent durchgeführte Qualitätskontrolle und die önologischen Forschungen zurückzuführen ist, die unter Adrianos Nachfolger José Ramos-Pinto Rosas ausgeweitet und in Zusammenarbeit mit dem staatlichen Centro des Estudos Vitivinicolas do Douro auf Bom Retiro und der erst 1974 als Versuchsgut erworbenen Quinta da Ervamoira durchgeführt wurden. So wurden die heute bei Neuanlagen allgemein üblichen maschinell zu bearbeitenden Weinberge, die Patamares, im Rahmen eines Pilotprojekts auf Bom Retiro erprobt, findet die Kelterung des Traubengutes nicht mehr in Lagares, sondern in modernen Überlauf-Tanks statt – auch hier war Ramos-Pinto Vorreiter, ebenso wie bei der Auswahl der fünf Rebsorten (Tinta Roriz, Barroca, Cao, Touriga Nacional und Francesa), deren Anpflanzung heutzutage von der Weltbank finanziell unterstützt wird. Seit 1989 gehört das Haus

Adriano Ramos-Pinto dem französischen Weinerzeuger Jean-Claude Rouzaud (Champagne Röderer), wird aber von José Rosas und seinem Neffen, dem Diplom-Önologen Joao de Almeida, weitergeführt.

RUBY
(75 cl, 19,5 %vol)

Aus eher leichten Grundweinen entsteht dieser 2 Jahre in Eichenfässern gelagerte Port.
Intensive Farbe, kräftiges Aroma von roten Früchten, harmonisch, nachhaltig, dabei recht süß.

TAWNY ADRIANO
(75 cl, 19,5 %vol)

Cuvée aus verschiedenen Jahrgängen, etwa 7 Jahre im Eichenfaß gelagert.
Mahagonifarben, mit verhalten-mineralischem Duft nach Nuß, Juchten, Unterholz, Stachelbeere, Sauerkirschen, gut integrierte Tannine und Süße, mittellang.

LATE BOTTLED VINTAGE 1987
(75 cl, 19,5 %vol)

Im Faß gereifter Jahrgangsport, 1991 abgefüllt.
Angenehmer kräuterwürziger Duft mit dominanter Beerenfrucht, reicher Geschmack, lebhaft, enthüllt im Abgang leichte Holznoten.

VINTAGE 1985
(75 cl, 20 %vol)

Deklarierter Jahrgangsport, nach 2 Jahren Faßlagerung zum weiteren Reifen auf Flaschen gezogen.
Gut ausgereifter Vintage mit tiefroter, von bläulichen Lichtern akzentuierter Farbe. Intensive Fruchtnase (Beeren, Vanille), füllige Struktur mit langem Abgang.

Ramos-Pinto/ QUINTA DO BOM RETIRO

Casais do Douro
5130 Sao Joao da Pesqueira

Am rechten Ufer des Rio Torto gelegene, mit ihrem Rosengarten und der klassizistischen Gartenanlage mit Goldfischteich romantisch anmutende Bilderbuch-Quinta der Kategorie A. Seit 1873 ist ihr Name in England als Markenname registriert. Verschiedene Shipper, etwa Cockburn, produzierten aus den Trauben von Bom Retiro Vintage-Ports, die bei Auktionen des letzten Jahrhunderts sehr begehrt waren. Heute entsteht aus dem Traubengut, das auch in den Ramos-Pinto-Vintages Verwendung findet, ein 20jähriger Tawny.

20 YEARS OLD
(75 cl, 20 %vol)

Nur aus dem Traubengut der Quinta, in Pump-Over-Tanks gekeltert und im Durchschnitt 20 Jahre in Eichenfässern gelagert; 1995 abgefüllt.

Mittlere Mahagonifarbe, von tiefer Nuß mit frischen Akzenten geprägte Nase, fast fragiler, eleganter Körper mit Röstaromen und rassigem Abgang.

Ramos-Pinto/ QUINTA DA URTIGA

Casais do Douro
5130 Sao Joao da Pesqueira

Im Jahre 1933 mit der Quinta do Bom Retiro vereinigtes Weingut mit 10 Hektar Rebanlagen. Die Trauben von Urtiga werden separat gelesen und in der Kellerei von Bom Retiro in Autovinifiziertanks vergoren, bevor sie im Eichenfaß ausreifen. Aus ihnen ensteht ein Single Quinta Port, der im Grunde einem Vintage Character gleichkommt. Da man bei Ramos-Pinto mit dieser Bezeichnung für einen länger gereiften Ruby jedoch nicht glücklich ist, wird der Port als »Full Bodied Single Quinta Ruby« etikettiert.

QUINTA DA URTIGA RUBY
(75 cl, 19,5 %vol)

5 Jahre faßgereifter Ruby von den 30 Jahre alten Reben der Quinta da Urtiga. Üppiger Ruby mit reichem Fruchtaroma nach Beerenfrüchten und Schokolade, mittelschwer mit langem, vollmundigem Finish.

Etwa 90 Prozent der Portwein-Produktion entsteht aus roten Trauben

REAL COMPANHIA

Real Companhia Vinicola do Norte de Portugal, SA
Rua Azevedo de Magalhaes, 314
4401 Vila Nova de Gaia

Royal Oporto, so der englische Markenname für die Weine der »Königlichen Weingesellschaft Nord-Portugals«, gehört zu den drei großen Marken in Deutschland. Kein Wunder, ist doch die Real Companhia größter Produzent in Vila Nova de Gaia – eine Marktstellung, die erst durch den Nachkriegs-Zusammenschluß mit der einstigen Monopolgesellschaft des Marquis von Pombal, der Companhia Geral da Agricultura dos Vinhos do Alto Douro (kurz: Companhia Velha) ermöglicht wurde. Seither herrscht ein typisch portugiesisches Kuddelmuddel, was den Firmennamen angeht: Mal wird die Firma Real Companhia Vinicola Group, mal Real Companhia Velha, mal Royal Oporto Wine Company genannt; komplizierend kommt hinzu, daß auch die aufgekauften Porthäuser Richard Hooper und Silva Reis zur königlichen Companhia gehören.
Heute ist die Firma wieder im Besitz des Finanzmagnaten und Port-Enthusiasten Manoel da Silva Reis, der aus dem kleinen, 1889 gegründeten Handelshaus einen wahren Konzern schuf,

Südländisches Flair bestimmt die Hafenstadt Porto

zwischenzeitlich aber, infolge der Revolution von 1974, enteignet und zur Flucht ins Ausland gezwungen wurde. 1978 erlangte der kenntnisreiche und weitsichtige da Silva Reis sein Eigentum zurück und baut seither die Marktstellung konsequent aus.
Zur Zeit gehören acht Quintas zur Real Companhia, darunter die als Single Quintas auf dem Markt präsenten A-Kategorie-Quintas das Carvalhas, am linken Douroufer bei Pinhao, und do Sibio am mittleren Douro bei Cotas. Imposant auch die Lodge der Real Companhia in Vila Nova de Gaia: In den weitläufigen, in den kühlen Boden getriebenen Anlagen, zu denen auch ein stillgelegter Eisenbahntunnel gehört, lagert die größte Menge Portwein des Landes, darunter auch Flaschen von jedem deklarierten Vintage der einzelnen zur Real Companhia gehörenden Häuser seit 1765. Ein Fundus von unschätzbarem Wert – bezahlbarer sind die aktuellen Vintages seit 1955, bei denen noch reelle Chancen auf Erwerb bestehen; deklarierte Jahrgänge waren 1955, 1958, 1960, 1962, 1963, 1967, 1970, 1977-1980, 1982-1985 sowie 1987.

EXTRA DRY WHITE
(75 cl, 19 %vol)

Vollkommen durchgegorener Port aus weißen Trauben, mindestens 2 Jahre im Eichenfaß gelagert.
Strohblond, verhaltener Duft mit grasig-grünen Noten über gelber Frucht, am Gaumen mittelschwer mit trockenem Akzent - ein guter Aperitif.

WHITE

(75 cl, 19 %vol)

Mindestens 2 Jahre im Eichenfaß gelagerter weißer Port.
Goldblond, etwas kräftiger in der Frucht als der Extra Dry, markanter Geschmack mit leichter, aber angenehmer Süße.

TAWNY

(75 cl, 19 %vol)

Etwa 3 Jahre lagerten die Weine für diesen frühreifen Tawny-Typ im Faß.
Dunkle Tawny-Farbe, reiches, fruchtbetontes Aroma mit zarten Holztönen, auf der Zunge kraftvoll und rund.

10 YEARS OLD
(75 cl, 20 %vol)

Im Durchschnitt 10 Jahre lagerten die Weine für diesen Port mit Altersprädikat, der 1994 abgefüllt wurde.
Ausgewogener Port – lebhafte Farbe, im zurückhaltenden Duft von reifer Frucht und etwas trockenem Holz geprägt, mittelschwerer Körper mit elegantem, spritzigem Ton im Abgang.

COLHEITA 1975
(75 cl, 20 %vol)

Faßgereifter Jahrgangsport aus einem von Royal Oporto nicht deklarierten, aber allgemein hoch eingeschätzten Jahr, nach 18 Jahren Lagerung im Eichenholz 1993 abgefüllt.
Geizt nicht mit seinen Reizen – appetitliche Farbe, gefälliger Duft mit einer reizvollen Mischung aus Nuß und Trockenobst, gut integrierte Tanninstruktur und viel Cremigkeit im langen Abgang.

ROMANEIRA, QUINTA DA

Sociedade Agricola da Romaneira, SA
Cotas
5070 Alijo

Das größte Weingut an der Costa de Roncao, flußaufwärts von Pinhao, zu dem 13 weitere Quintas gehören. Das Gesetz vom 7. Mai 1986 gab den Eigentümern von Romaneira das Recht, ihre auf dem Gut abgefüllten Ports als Single Quintas anzubieten und so an die große Tradition von Romaneira anzuknüpfen, deren Ports 1872 die ersten Quinta Ports waren, die je bei Christie's in London versteigert wurden. Heute sind 80 der insgesamt 420 Hektar der Quinta mit den fünf als Klassiker geförderten Rebsorten Tinta Roriz, Barroca, Cao sowie den beiden Tourigas Nacional und Franchesa bestockt, aus denen aufgrund der steilen Hanglagen und des heißen Mikroklimas selten mehr als 200 000 Flaschen im Jahr erzeugt werden. Nach der Gärung werden die Ports in großen, 7000 bis 23 000 Liter fassenden Eichenholzfässern ausgebaut. Seit 1990 werden zwei weitere Single Quinta Ports, Ruby und Tawny, aus dem Traubengut der in Romaneira integrierten Weinberge von da Pulga angeboten.

An der Costa de Roncao bei Pinhao

RUBY
(75 cl, 19 %vol)

Faßgereifter, noch junger roter Port.
Kräftiges Rot, ausgewogene Balance zwischen Fruchtaroma und Fruchtsüße mit nachhaltigem Abgang.

VINTAGE CHARACTER
(75 cl, 19 %vol)

Länger, etwa 5 Jahre ausgereifter Ruby-Typ.
Intensiv funkelnde Farbe, weiche, leicht nussig akzentuierte rote Frucht (Himbeere, Weichselkirsche), mittelschwerer Körper mit würzigen Aspekten und schönem Nachklang.

FINE TAWNY

(75 cl, 19,5 %vol)

Ungefiltert aufgespriteter, 9 Jahre in großen Eichenfässern gelagerter Tawny.

Würziger, charaktervoller Port mit feinen Vanille- und Unterholztönen über weicher, saftiger Frucht, auf der Zunge samtweich trotz stabilem Tanningerüst.

LATE BOTTLED VINTAGE 1989

(75 cl, 19,5 %vol)

Jahrgangsport aus einem von Romaneira parallel auch als Vintage deklarierten, erstklassigen Jahrgang, 4 Jahre im Faß gereift, 1993 abgefüllt.

Strahlend purpurrote Farbe, der markant-würzige Duft erinnert an Kirsche und Brombeeren. Gute Holznote, robuster Bau, nachhaltig.

COLHEITA 1983
(75 cl, 20 %vol)

Die »portugiesische Variante« des Vintage (gleichfalls für 1983 deklariert) – faßgereifter Jahrgangsport, erst nach 11 Jahren Lagerung auf Flaschen gezogen.
Einladender Port mit feinem, durch Walnüsse und Toffee, aber auch Küchenkräuter geprägtem Duft, cremig, mit sehr sauberen Fruchtnoten.

VINTAGE 1985
(75 cl, 20 %vol)

Der klassische Jahrgangsport aus dem überaus guten Jahr 1985.
Unsere Probe Nr. 2940 von 22 500: Ein »fröhlicher« Port – lebhafter Duft nach Beerenfrüchten und ätherischen Ölen (Minze, Thymian, Rosmarin, Zitronenkraut?), würzig-süß am Gaumen, mit feiner Säurestruktur, mittellang.

FINEST RESERVE
(37,5 cl, 20 %vol)

Jahrgangs-Cuvée, etwa 5 Jahre in Fässern gelagerter Port mit gereiftem Ruby-Charakter.

Komplexer Port mit schönem Fruchtbukett (Himbeere, Kirsche, Aprikose), durch feine Nußtöne cremig wirkend bis in den langen Abgang.

LATE BOTTLED VINTAGE 1991
(75 cl, 20 %vol)

Aus dem auf La Rosa hervorragenden und auch für Vintage deklarierten Jahrgang 1991, nach 4 Jahren Faßlagerung 1995 abgefüllt.

Von der Farbe bis zum Finish ein sehr gelungener Port - dichte, versammelte Fruchtnase mit feinkräutrigen Akzenten, körperreich mit gut integrierten Tanninen und beharrlichem, zartbitterem Abgang.

Vintage 1992

(37,5 cl, 20 %vol)

Bei mehreren Vergleichsproben herausgestellter Vintage, »der beste bislang« (Wine Spectator).

Stattlicher Wein, entfaltet ein Aroma von rotem Beerenobst (Himbeer, Kirsche, rote Johannisbeeren) und Veilchen. Elegante Tannine und die leichte Süße sorgen für Balance und Harmonie.

Vintage 1988

(75 cl, 20 %vol)

Der erste Vintage von la Rosa seit den 30er Jahren.

Charmanter, freundlicher Port mit reifem, leicht floral abgestimmtem Fruchtaroma, ausgewogener Balance zwischen Süße und Gerbsäure und feinsinnigem Abgang. Schon gut trinkreif, lagerfähig.

ROZÈS

Rozès, Lda.
Rua Candido dos Reis, 356
4401 Vila Nova de Gaia

Im Jahr 1855 in Bordeaux von Ostende Rozès als Weinhandlung mit Spezialgebiet Port gegründet. Wenige Jahre später eröffnete die Niederlassung in Vila Nova de Gaia, die heute noch Kernstück des Unternehmens ist. Während des Zweiten Weltkriegs kamen die Handelsaktivitäten von Ostende Rozès' Enkelsöhnen Guy und Yves zum Erliegen, erst 1956 wurde die Rozès Limitada in Portugal wiederbelebt. 1987 übernahm der internationale Luxuskonzern Louis Vuitton/Moet-Hennessy die renommierte, vor allem für ihr sorgfältig produziertes Standardprogramm auf dem französischen Markt bekannte Firma. LVMH investierte in umfangreiche Ausbauarbeiten der Lodge in Vila Nova de Gaia, ab 1991 auch in Produktionsanlagen am Douro, obwohl die Firma nicht im Besitz einer Quinta ist. Dank langjähriger guter Zusammenarbeit mit dem wohl renommiertesten Porterzeuger Taylor, Fladgate & Yeatman, der jahrelang die Herstellung der Rozès-Ports übernommen hatte, verfügt das Haus aber über hervorragende Kontakte zu Winzern am Douro und kann so auf erstklassiges Traubengut zurückgreifen, das auch die Herstellung guter und dabei bezahlbarer Vintages ermöglichte – wie in den Jahren 1963, 1967, 1977, 1978, 1982, 1983, 1985, 1987 sowie 1991. Daneben wird weiterhin das klassische Sortiment bis hin zu einem über 40 Jahre alten Tawny erzeugt, allerdings keine Colheitas.

Firmenlogo des Hauses Rozès

Tawny
(75 cl, 20 %vol)

Mindestens 3 Jahre in der Rozès-Lodge gereifte Cuvée aus Ports verschiedener Jahrgänge.

Bernsteinfarbener, lebendiger Port, reife Fruchtnase mit feinen Gewürz- und Kompottnoten, mittelschwer und harmonisch.

White
(75 cl, 20 %vol)

Etwa 3 Jahre in Eichenfässern gereifte Assemblage aus weißen Portweinen.

Honigblond, süßliches Aroma mit Anklängen an Rosinen, Zitronat, Orangeat; runder, eher leichter Körper.

Prince Henry Extra Dry White
(75 cl, 20 %vol)

Vor dem Aufspriten vollständig durchgegorener weißer Port, 7 Jahre in Eichenfässern gereift.
Ein ausgezeichneter Aperitif – feinfruchtiges Aroma mit frischen Akzenten, am Gaumen dezente Süße mit charaktervollen Holznoten.

Infanta Isabel
(75 cl, 20 %vol)

Aus Traubengut von Quintas des mittleren Douro, im Durchschnitt 10 Jahre gelagerte Cuvée, 1996 abgefüllt.
Leuchtend rotbraune Farbe, lebendige Ansprache, die einen an den Duft eines vorweihnachtlichen Nußkorbs erinnert – mit kandierten Früchten, Zimt, Nelken und Orangen. Gut ausbalancierter, mittelschwerer Körper mit weichem, recht süßem Finish.

VINTAGE 1991

(75 cl, 20,5 %vol)

Aus dem erstklassigen Jahrgang 1991 und Traubengut des mittleren Douro-Tales, nach 2jähriger Faßlagerung zum Ausreifen auf Flaschen gefüllt.

Macho vom Douro - fast erdrückend muskulöser Port mit intensivem, vielschichtigem Aroma (Melone, Banane, Maracuja, Pflaume, Himbeer, Bitterschokolade, Gewürze) und wuchtigen, noch nicht integrierten Tanninen.

SANDEMAN

Sandeman & Ca., SA
Largo de Miguel Bombarda, 3
4401 Vila Nova de Gaia

»Kürzlich habe ich beschlossen, reich zu werden, und wie mir scheint, bekommt mir diese Absicht. Tagsüber bin ich geschäftig, des Nachts, so sagt man, lache ich häufig im Schlaf«, schrieb der junge Schotte George Sandeman am 14. Mai 1790 seiner Schwester. Kurz darauf eröffnete er mit geborgtem Geld eine Weinhandlung in der Londoner City, aus der sich schnell ein Importhaus für Port und Sherry entwickelte. Während des spanischen Befreiungskrieges Anfang des 19. Jahrhunderts schloß der agile, reise- und abenteuerlustige Sandeman Freundschaft mit dem Herzog von Wellington, was ihm Tür und Tor in der feinen Londoner Gesellschaft öffnete und die Bedeutung von Sandeman in der Spirituosenwelt zementierte. Weltweiten Erfolg verschaffte den Sherries und Ports von Sandeman vor allem der 1922 völlig neue Einfall, eigene Marken-Labels zu entwickeln und die Flaschen damit unverwechselbar zu machen. Auch die 1928 eingeführte Werbefigur des »Don«, der heute unverwechselbar für Sandeman stehenden Silhouette eines Mannes in portugiesischem Studentencape und andalusischem Reiterhut, war eine Novität im Getränkemarketing.

Der heutige George Sandeman

Heute gehört das Unternehmen zum Getränkekonzern Seagram, an dem die Familie Sandeman Anteile hält: Nachkommen von George Sande-

Qualität beginnt im Weinberg: Sorgfalt bei der Lese

man besetzen Schlüsselstellen sowohl bei Seagram als auch in den Sandeman-Unternehmungen in Porto und in Jerez de la Frontera. Der Optimismus und das Selbstvertrauen des ersten Sandeman blieben der Firma erhalten – erst seit 1974, zu politisch instabilen Revolutionszeiten also, erwarb die Firma Land am Douro: Die Quintas do Vau, de Confradeiro und de Celeiros wurden gekauft, die Quinta das Laranjeiras nahe der spanischen Grenze komplett neu angelegt. Daneben kauft Sandeman gutes Traubengut zu, das in den vier Douro-Kellereien in Pacheca, Celeiros, Riba Tua und Pochino vinifiziert und zu Port aufgespritet wird. 1988 deklarierte Sandeman erstmals einen echten Single Quinta Vintage des Firmen-Weinguts der A-Kategorie Quinta do Vau.

SANDEMAN
EST 1790
The House of Sandeman

Original Fine White
(75 cl, 19 %vol)

Aus den weißen Rebsorten Malvasia Fina und Gouveiho gekeltert und vor dem Aufspriten fast völlig durchgegoren.
Trockener Typ mit nur einem Hauch von Süße am Gaumen, die schön durch zarte Holztöne und Frucht akzentuiert wird.

Original Rich Ruby
(75 cl, 20 %vol)

3 Jahre im Holzfaß gereifter Port-Typ.
Charmanter, jugendlicher Port mit kräftiger Fruchtnase (Pflaume, Kirsche, daneben Schokolade) und lebhaftem, recht süßem Körper.

FOUNDER'S RESERVE

(75 cl, 20 %vol)

Etwa 5 Jahre in ausgelaugten Holzfässern reifte dieser Vintage Character-Typ.
Muskulöser Port mit feinem, durch Schokoladen- und Kaffeenoten gestütztem Beerenaroma und langem, weichem Nachklang.

ORIGINAL FINE TAWNY

(75 cl, 20 %vol)

Rund 5 Jahre reiften die Weine für diesen Port vom Tawny-Typ im Faß.
Eher leichter, hellroter Port mit einem saftigen Aroma nach Obstsalat (Aprikose, Pfirsich, Beeren, Kirschen, dazu Nüsse) – harmonisch und lecker.

20 YEARS OLD TAWNY

(75 cl, 20 %vol)

Im Durchschnitt 20 Jahre reiften die Ports für diesen 1995 abgefüllten Blend.

Amberfarbenes Kraftpaket auf Samtpfötchen: Sehr reicher, cremiger Duft mit Anklängen an Nuß, Leder, Trockenobst und Nuß (Rancio), auf der Zunge noch frisch mit schönen Vanille- und Fruchtnoten bis in das bitterschokoladige Finish.

VINTAGE 1982

(75 cl, 20 %vol)

Aus dem gerne als »elegant« bezeichneten Jahrgang 1982, dessen allgemeine Trockenheit und Hitze eine frühe Ernte nötig machte, 1984 auf Flaschen zum Ausreifen gefüllt.

Floral inspirierter Port mit schönem Duft nach Veilchen, Rosen, Hyazinthen, Trauben, Beeren und Weichselkirschen, kraftvoller Körperbau mit schöner Balance, charaktervolles Finish, trockener werdend – voll ausgereift, ein Trinkgenuß!

Sandeman setzt Segel: das Barco Rabelo des Hauses

SMITH-WOODHOUSE

Smith-Woodhouse & Ca., Lda.
Trav. Barao de Forrester, 85
4401 Vila Nova de Gaia

Der potentielle Reichtum, der mit dem Porthandel zu verdienen war, verlockte in den Aufbruchzeiten am Ende des 18. Jahrhunderts selbst angesehene Parlamentsabgeordnete: 1784 eröffnete Christopher Smith, Member of Parliament, eine Niederlassung seines Londoner Weinhandels in Porto und reüssierte damit so sehr, daß sein guter Ruf – verbunden mit beträchtlichem Wohlstand – ihm zur Würde des Lord-Bürgermeisters von London verhalf. 1828 wurden William, James und Robert Woodhouse Teilhaber der jetzt Smith-Woodhouse Bros. & Co. genannten Firma und kümmerten sich um die Geschäfte. Mit der bis in die Nachkriegszeit unabhängigen Firma nahm das renommierte Porthaus Graham 1956 Geschäftsbeziehungen auf. Graham's Eigentümer, die Mitglieder der Familie Symington, wurden dabei von der Substanz ihres alteingesessenen Handelspartners so überzeugt, daß sie 1960 Smith-Woodhouse übernahmen, aber bis heute als unabhängigstes ihrer insgesamt sechs Porthäuser führen. Trotz der von der Fachpresse regelmäßig honorierten Bemühungen von Kellermeister Peter Symington, an den im 19. Jahrhundert hochklassigen Ruf der Vintages mit seinen eigenständigen Zusammenstellungen anzuknüpfen, liegen die Preise für die Vintages von Smith-Woodhouse regelmäßig etwa 20 Prozent unter denen der Vintage-Leader wie Graham, Warre, Noval oder Taylor's. Für Einsteiger mithin ein guter Tip für erste Erfahrungen mit High-Class-Vintages oder gar Zukunfts-Spekulationen. Die Trauben stammen dabei von der durch jahrzehntelange Kontrakte

Ein Shipper mit eigener Handschrift…

mit Smith-Woodhouse verbundenen Quinta do Vale de Dona Maria im Rio-Torto-Tal. Sie liefern, nach traditioneller Methode mit den Füßen gestampft, auch die Weine für die in diesem Hause grundsätzlich ungefilterten Late Bottled Vintages, die den Vintages sehr ähnlich sind und mindestens fünf Jahre nach ihrer Abfüllung in der Flasche weiterreifen sollten, dann aber für optimalen Genuß auf bezahlbarem Niveau stehen. Smith-Woodhouse erzeugt auch Portweine, die unter dem gleichfalls renommierten Namen Gould-Campbell vermarktet werden.

LODGE RESERVE
(75 cl, 20 %vol)

Regelmäßig bei Blindverkostungen unter die besten Markenports kommt dieser Vintage Character-Port, der mindestens 5 Jahre im Eichenfaß reifte.
Gutes Beispiel für den Smith-Woodhouse-Stil – ein charmanter Port mit floral bestimmtem Bukett und reichem Aroma nach Nüssen, Pflaumen und appetitanregenden Gewürzen, samtweich und süß!

TAYLOR'S

Taylor, Fladgate & Yeatman – Vinhos, SA
Rua do Choupelo, 250
4401 Vila Nova de Gaia

Der »Rolls Royce« unter den Porthäusern – in Großbritannien Synonym für Ports der Extraklasse. Nicht zu unrecht, gehört doch das 1692 erstmals erwähnte, seit 1844 Taylor, Fladgate & Yeatman genannte Haus zu den Port-Shippern, bei denen keine andere Strategie außer der unbedingter Qualitätssicherung auch nur angedacht wird. Das liegt zum einen an den drei Chefs des Hauses, Alistair Robertson und Huysshe Bower (Nachkommen der Familie Yeatman aus Dorset) sowie Bruce Guimaraens (Nachkomme der Fonseca-Gründer Guimaraens ebenso wie des Baron Fladgate of Roeda). Zum andern aber auch an dem soliden Grundstock an Landbesitz, der im Laufe der mehr als 300 Jahre seit Gründung durch Job Bearsley stetig ausgebaut wurde. So befindet sich die Casa dos Alambiques in Salgueiral bei Régua immer noch in Firmenbesitz – sie wurde 1744 von Job's Sohn Bartholomew erworben, damals der erste britische Landkauf am Douro überhaupt.

Faßlager bei Taylor's

Daneben besitzt Taylor's die beiden hochrangigen Quintas de Vargellas am oberen Douro und de Terra Feita am Douro-Nebenfluß Pinhao. Beide Weingüter gehören der höchsten Kategorie an und werden nach traditionellen Methoden bewirtschaftet, wie wir uns bei der Erzeugung des mittlerweile sagenhaften Taylor-Vintage 1992 persönlich (als Helfer beim Stampfen der Trauben im Lagar) überzeugen konnten. Ultimative 100 Punkte bei Weinpapst Robert Parker und die Höchstzahl von 5 Sternen bei der Decanter-Vergleichsprobe haben den Markt für diesen außerordentlichen Vintage leergefegt, der ein typisches Beispiel für das konsequente Streben nach dem Optimum bei Taylor's ist: Ein Schlechtwettereinbruch während der Lese verhagelte den meisten Winzern die Ernte oder zwang sie, zu früh und zu schnell zu lesen; Taylor's erlaubte sich den kostspieligen Luxus, seine Arbeiter auf besseres Wetter warten zu lassen – mit Erfolg. Die spätgelesenen Weine der beiden großen Taylor-Quintas besaßen offensichtlich das gewisse Etwas für einen Port der Sonderklasse, der – ausschließlich aus dem Lesegut der hauseigenen Weinberge stammend – naturgemäß nur in raren Mengen verfügbar ist bzw. war... beneidenswert, wer hier zum Zuge kam! Im deutschsprachigen Raum dagegen ausgesprochen gut erhältlich die anderen Taylor-Qualitäten, die in jeder Kategorie zur Spitzenklasse gehören.

Chip Dry

(75 cl, 20 %vol)

1934 als erster weißer Markenport überhaupt präsentiert, aus vorwiegend Malvasia-Fina-Reben gekeltert und dabei völlig durchgegoren, 5 Jahre in Eichenfässern gelagert.

»Dry as a chip« – die englische Redewendung bedeutet »so trocken wie ein Holzspan«. Extrem trockener, dabei munterer (Doppelbedeutung des Wortes »chip«) Port mit feinem, kräuterwürzigem Fruchtaroma und langanhaltendem, traubig-weichem Geschmack. Ein hervorragender Aperitif.

First Estate

(75 cl, 20 %vol)

Weiterentwicklung der qualitativ hochwertigeren Ruby-Kategorie »Vintage Character« – ein 5 Jahre im Holzfaß gereifter Port in moderner Designflasche.

Ein Einsteiger-Port par excellence – dunkle Farbe, angenehme Fruchtnase (nach Beeren, Pflaumen), am Gaumen leicht holzbetont und lieblich – schön!

10 Years Old

(75 cl, 20 %vol)

10 Jahre Faßreife wurden den Ports für diesen klassischen Tawny im Durchschnitt gegönnt, 1995 wurde abgefüllt.

Rostrot mit orangetönigen Lichtern, reife Frucht im Duft, durch lebhafte Noten nach Unterholz und gerösteten Nüssen ergänzt, im Geschmack pikante Gerbsäure mit sympathischer Balance zur leichten Süße.

20 YEARS OLD

(75 cl, 20 %vol)

1995 abgefüllter Tawny mit Altersprädikat: im Durchschnitt 20 Jahre in Eichenfässern gelagert, ein Bilderbuch-Tawny. Rubinrot mit amberfarbenen Nuancen, stoffig strukturiert mit eleganter Aromakomposition (Beerenobst, Pflaumen, Mokkaschokolade, Rebholz) und harmonischem, langem Finish.

LATE BOTTLED VINTAGE 1987

(75 cl, 20 %vol)

Aus dem regenarmen Jahr 1987 mit erstklassigem, wenn auch kleinem Ertrag, nach 6 Jahren Lagerung 1993 abgefüllt. Üppiger LBV mit feiner, sehr präsenter Frucht (Kirschen, Aprikosen, Pflaumen, Brombeeren), durch kräftige Gewürztöne nuanciert bis in den durch gut integrierte Tannine geprägten Abgang.

Taylor's/ QUINTA DE VARGELLAS

Vale de Figueira
5130 Sao Joao da Pesqueira

Zwischen 1893 und 1896 von Taylor, Fladgate & Yeatman erworbene Quinta am oberen Douro, Herzstück des Unternehmens und Mythos zugleich. Ursprünglich bestand die Quinta aus drei Weingütern, Unter-, Mittel- und Ober-Vargellas, deren Weine im 19. Jahrhundert unabhängig voneinander als Single Quinta Ports auf dem britischen Markt reüssierten. Lange Jahre wurden alle drei Quintas von Antonio Bernardo Ferreira, Onkel und Schwiegervater der legendären Dona Antonia, bewirtschaftet und lieferten Traubengut für die Ferreira-Vintages; zwischenzeitlich brachten Erbprobleme die Güter an den Rand des Ruins, bis Taylor's die drei Teile nach und nach kaufen und wiedervereinigen konnte.

Heute besteht die Quinta der Kategorie A aus 101 Hektar Grund, wovon 44,3 Hektar vorwiegend mit den fünf Klassikern Touriga Francesa und National, Tinta Roriz, Barroca und Cao sowie der

Tinta Amarela bestockt sind. In der modernen Kellerei haben sich sechs Lagares erhalten, die für die Erzeugung des Taylor's Vintage bzw. des Vargellas Single Quinta Vintage zum Einsatz kommen, daneben wird zugekauftes Traubengut in modernen Vinifizierungsanlagen gekeltert und fermentiert.

Wie jede Quinta ist auch Vargellas in erster Linie ein hart arbeitender Betrieb – ein Gedanke, der so gar nicht zu der relaxten Atmosphäre des Herrenhauses hoch über der Kellerei passen will. Hier ist Vargellas privat, Refugium für die Eigentümer von Taylor's und ihre Gäste, lebende Reminiszenz an die Zeiten, als hier Dona Antonia Ferreira mit Baroness Fladgate und Baron Forrester Tee trank und die drei müßig über den Fluß blickten, dessen steile Ufer ihnen Ansehen und Wohlstand gebracht hatten.

QUINTA DE VARGELLAS VINTAGE 1991

(75 cl, 20 %vol)

Angeblich war der schleppende Verkauf des 89er Taylor's Vintage der Grund, warum im hervorragenden Jahr 1991 »nur« ein Single Quinta Vintage von Vargellas deklariert wurde – in den Augen der Weinpäpste entpuppte er sich dennoch als »Jahrhundert-Port«.

Eindrucksvoll von der Farbe bis zum Abgang – kräftiges Purpur, intensive Frucht mit Beerentönen, Schokolade, Mokka, Kräutern, vielschichtiger Körper mit reicher, stoffiger Textur und langanhaltendem Abgang. Wer ihn im Keller hat: liegenlassen, sich in den nächsten beiden Jahrzehnten am Anblick der Flaschen erfreuen und die Vorfreude genießen!

VENTOZELO

Quinta de Ventozelo
Sociedade Agricola e Comercial, SA
Ervedosa do Douro
5130 S. Joao da Pesqueira

An den Ufern des Douro bei Pinhao bis zur Costa de Roncao reihen sich berühmte Quintas wie Perlen aneinander. Am rechten Ufer etwa die A-Klasse-Quintas do Corval, do Bomfim, da Roeda, do Sibio und da Romaneira. Am linken Ufer streift der Blick über Carvalhas und schließlich Ventozelo, eines der größten Weingüter am Douro. Erstmals 1288 in den mittelalterlichen Schriften des Königs Diniz erwähnt, ist die Quinta damit nach der »Königsquinta« de Monsul (nachweislich bis 1163 in königlichem Besitz) die zweitälteste Quinta überhaupt. 1569 verpachtete das Kloster Real Mosteiro de Sao Pedro das Aguias den Besitz, der 1826 genau vermessen und als erstklassig bewertet wurde. Seit 1958 gehört die Quinta der Sociedade Agricola Edmondo Alves Ferreira, die seit 1995 den Gutsnamen führt, um auch nach außen deutlich zu machen, daß man auf Ventozelo die Chancen für Gutsabfüllungen nach dem Gesetz vom 8. Mai 1986 hoch einschätzt.
Dabei hält man sich in der Königsklasse, dem Vintage-Port, noch bewußt zurück – die angestrebte Qualität wird von den größtenteils neugepflanzten Reben nach Meinung der selbstkritischen Portmacher noch nicht erreicht, was sich in absehbarer Zeit aber ändern dürfte. Betrachtet man das Potential der Nachbar-Quintas, so darf man auf den ersten Vintage der Quinta de Ventozelo gespannt sein. In der Zwischenzeit werden aus den klassischen, im Rahmen des Förderprogramms der Weltbank angepflanzten Rebsorten Tinta Roriz, Barroca und Cao sowie Touriga Nacional und Francesa lediglich fünf Port-Sorten erzeugt, darunter auch Late Bottled Vintage als Vorbereitung auf den Sprung in die Spitzenkategorie. Den hochklassigen Spezialkategorien, vertreten auch durch zwei Tawnies mit Altersprädikat, gilt besondere Aufmerk-

samkeit – sie profitieren besonders von der Kelterung auf die traditionelle, sanfte Art im Lagar und der Nutzung modernster Technologie bei der Vinifizierung und Portherstellung. Neben Port erzeugt die Quinta de Ventozelo gute Tafelweine der kontrollierten Herkunftsbezeichnung »Douro«.

PORTO RESERVA
(75 cl, 19 %vol)

Roter Port aus den klassischen Sorten des Douro, etwa 5 Jahre in Eichenfässern gelagerter Tawny-Typ.
Helleres Rot, fein strukturiertes Fruchtbukett mit leicht floralen Nuancen, am Gaumen samtig mit gut integrierten Holznoten.

destelle am Fluß, Rodung neuer Weinberge, Zukauf benachbarten Landes, Errichtung von Kellerei und Lagerhallen. Zuletzt wurde das heute noch bestehende Herrenhaus erbaut, von dem der Graf von Vila Maior schwärmte: »Ein fürstliches Haus, nicht aus kommerziellen Erwägungen erbaut, sondern um die reizvollen Kaprizen der Reichen zu befriedigen.«
1989 erwarb die Familie Symington das auch als »Juwel des Douro« gepriesene Gut von Ferreira und bewahrte, trotz Investitionen in moderne Technologie und der Neuanlage von Weinbergen, den traditionellen Stil der Weine von Vesuvio, die seit 1989 nur noch als Single Quinta Vintages angeboten werden. »Entweder wir haben einen Vintage, oder wir stellen Tafelwein her« – Peter Symington, der Kellermeister der Familie, ist da kompromißlos. Mit Ausnahme von 1993 hatte der Wein von Vesuvio genügend Potential!

VINTAGE 1989

(75 cl, 20 %vol)

Nur 19 Port-Erzeuger deklarierten im durch Sommerstürme und Hitze geprägten, schwierigen Jahr 1989 Vintages – die geschützte Lage des hügeligen Vesuvio-Reblandes und die traditionell späte Lese ermöglichte das Ausnutzen des leichten September-Regens und somit die Erzeugung eines Vintages.

Subtiler, sehr ansprechender Vintage von rubinroter Farbe, hochkonzentrierter Aromenfülle und samtigem Körper, gut integrierte Tannine. Gelungen!

VIERA DE SOUZA

Viera de Souza & Ca., Vinhos, Lda.
Rua de Serpa Pinto, 534
4401 Vila Nova de Gaia

Im vergangenen Jahrhundert von portugiesischen Händlern gegründetes Porthaus, das heute zur Barros-Almeida-Gruppe gehört, dem fünftgrößten Erzeuger in Porto.
Die Viera-de-Souza-Ports zeichnen sich durch markengerechte Konstanz in der Herstellung aus und entsprechen dem Standardbild eines recht süßen, gefälligen Port-Typus. Neben den preisgünstig kalkulierten Standardports werden jedoch auch die Spezialkategorien bis hin zum Vintage produziert, der sich durch charmanten und eher leicht zugänglichen Charakter als Einsteiger in die Königsklasse empfiehlt. Vintagejahre seit 1955 waren 1965, 1970, 1974, 1975, 1977, 1978, 1979, 1980, 1982, 1983, 1985, 1987, 1989 und 1991.
Zu ihrer Qualität trägt vor allem das Traubengut der Barros-Almeida-Quintas bei, das (neben zugekauftem aus erstklassigen Weinbergen) für die Vintages Verwendung findet. Die Quinta de Enxodreira nahe Régua etwa gilt zwar als schwierig zu bearbeiten, liefert aber gute Erträge bester Qualität. Dies gilt entsprechend für die Quinta de Sao Luiz, zu der auch das Gelände der Quintas de Dom Pedro, da Fonte Santa, da Mesquita, da Lobata, da Alegria sowie da Galeira gehört.
Die Vinifizierung findet auf Sao Luiz statt, bevor die aufgespriteten Weine im Frühjahr zur weiteren Lagerung in die Barros-Almeida-Lodges nach Vila Nova de Gaia gebracht werden. Trotz oder gerade wegen der gemeinsamen Herkunft der Barros- und Viera-de-Souza-Ports legen die heutigen Chefs Manuel und Joao Barros großen Wert darauf, daß jede der beiden Marken eine individuelle Handschrift trägt.

EXTRA DRY WHITE
(75 cl, 19,5 %vol)

Völlig durchgegorene Weißweine werden mit neutralem Weinbrand sorgfältig aufgespritet, bevor sie zwischen 2 und 3 Jahre in Eichenfässern lagern.
Guter Aperitif mit intensiv-fruchtigem Aroma, am Gaumen trockener werdend - durchsetzungsfähig und delikat.

RUBY
(75 cl, 19 %vol)

Jugendlicher Port-Typ, etwa 3 Jahre in Eichenfässern gelagert.
Schokoladensüßer Ruby mit tiefroter Farbe, Beerenaroma (Himbeere) und weichem Körper.

OLD TAWNY 10 YEARS OLD
(75 cl, 20 %vol)

1995 gefüllter Tawny, Cuvée aus verschiedenen Jahrgängen, die im Durchschnitt 10 Jahre im Eichenfaß lagerten.
Amberfarben, floral inspiriertes Fruchtbukett (Lilien, Teerosen, Aprikosen, etwas Pflaume), am Gaumen reizvolle Kombination aus Nuß und Röstaromen mit Bitterschokolade im sauberen Nachklang.

Weitere Qualitäten:

Die empfehlenswerten Vintages waren zum Zeitpunkt des Redaktionsschlusses beim deutschen Importeur derzeit leider noch nicht im Programm.

WARRE

Warre & Ca., Lda.
Trav. Barao de Forrester, 85
4401 Vila Nova de Gaia

Der älteste der britischen Shipper, 1670 gegründet. 1729 trat der erste Warre der Firma bei – für 200 Jahre sollte diese Familie zur gesellschaftlichen Creme in Porto gehören. Nur so läßt sich nachvollziehen, daß das berühmteste Familienmitglied, General Sir William Warre, als junger Mann erst einige üble Kapriolen vollführen mußte, bevor ihm der Familienrat erlaubte, eine Karriere in der Armee statt im Porthandel einzuschlagen – was er dann aber mit der Etablierung von Warre-Ports als Stammgetränk der meist aus hochadligen Familien stammenden Offiziere Wellingtons vergalt. 1905 trat Andrew James Symington als Teilhaber bei Warre ein – schließlich, in den 50er Jahren, verkauften die Warres ihre Beteiligung an die Symingtons.

Seit nunmehr drei Jahrhunderten gehören die Warre-Ports zum Erlesensten auf dem Portmarkt. Jeder ihrer Vintages gehört zu den besten (und teuersten) seines Jahrgangs. Dabei verzichtet Portmacher Peter Symington auch bei den Warre-Ports auf die traditionelle Herstellungsweise und keltert und fermentiert in den modernen Autovinifizier-Anlagen der Quinta de Cavadinha, dem Herzstück von Warre.

Zu den seit über 200 Jahren bekannten Port-Marken von Warre gehören auch der »Nimrod« und der »Sir William Port«.

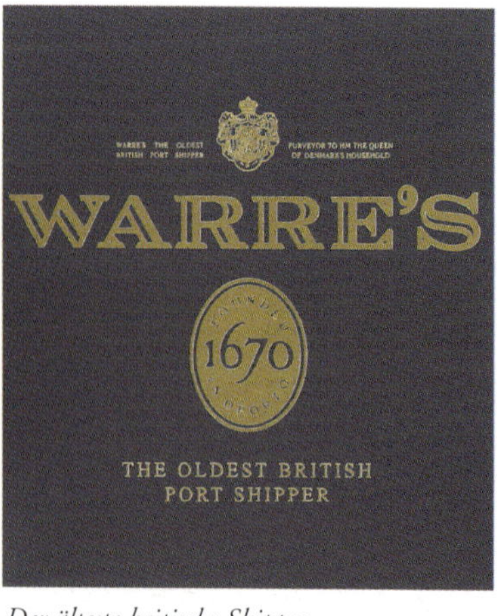

Der älteste britische Shipper

WARRE'S WARRIOR

(75 cl, 20 %vol)

Die älteste Port-Marke der Welt, 1750 eingeführt. Vintage Character Port, dessen Trauben von der Quinta do Bom Retiro Pequena und von Cavadinha stammen, 5 bis 6 Jahre im Eichenfaß gelagert.

Dunkler, sehr fruchtbetonter Port mit feinen Gewürzaspekten und stabilem, dabei samtweichem und harmonischem Körperbau.

LATE BOTTLED VINTAGE 1981

(75 cl, 20 %vol)

Nicht kältestabilisierter Wein aus dem nicht deklarierten Jahrgang 1981 – enthält das damals beste verfügbare Traubengut dieses Jahrgangs. 1985 ungefiltert abgefüllt, benötigte dieser echte Vintage-Verwandte die lange Flaschenlagerung zum Ausreifen.

Samtweicher Port mit floral-frischen Nußaromen (Haselnuß, daneben Veilchen, Hyazinthe) über Beeren- und Rösttönen, am Gaumen sehr elegant ausbalanciert mit sorgfältig integrierten Tanninen. Ein echter Genuß!

Warre/
QUINTA DA CAVADINHA

Provezende
5085 Pinhao

Im Herzen des Pinhao-Tals des Cima Corgo gelegene, an Taylor's Terra Feita angrenzende Quinta der höchsten Kategorie, 1980 von den Symingtons für Warre gekauft. Die günstige, windgeschützte Steilhanglage der Weinberge am Pinhao sorgt für optimales Ausnutzen der sommerlichen Hitze und für vollreifes Lesegut der vorherrschenden Sorten Touriga Francesa und Nacional sowie Tinta Roriz und Barroca. Auf Cavadinha experimentierte Peter Symington erfolgreich mit von ihm entwickelten Gärtanks, die heute in allen Symington-Kellereien genutzt werden. In nicht deklarierten Vintage-Jahren entsteht ein Single Quinta Vintage von Cavadinha, der nach Peter Symingtons Meinung »in jedem Falle als echter Vintage zu betrachten ist«.

Haupthaus der Quinta

QUINTA DA CAVADINHA VINTAGE 1984
(75 cl, 20 %vol)

Nach 2 Jahren Lagerung in Eichenfässern auf Flaschen gezogener Jahrgangswein, ausschließlich aus Rebgut von Cavadinha.

Duftiger, dennoch muskulöser Port mit feinnerviger Aromastruktur (Beeren, Mokkaschokolade, ein Hauch Zimt) und ausgewogener Balance zwischen den abgerundeten Tanninen und einem reifen Fruchtkomplex in Geschmack und Nachklang.

WIESE & KROHN

**Wiese & Krohn, Sucr., Lda.
Rua Serpa Pinto 149
4401 Vila Nova de Gaia**

Im Jahre 1865 von den beiden deutschstämmigen Norwegern Theodor Wiese und Dankert Krohn gegründet, deren Export der portugiesischen Spezialität Bacalhau (getrockneter Stockfisch) in die nordischen Länder sich gut mit der Mitnahme einiger Kisten Port verbinden ließ – womit sich offensichtlich ein größerer Gewinn erzielen ließ als mit dem gewöhnungsbedürftigen Kabeljau! Im Laufe der Jahre wurden beide enthusiastische Portanhänger – so sehr, daß Dankert Krohn in einem Brief vom September 1900 schrieb: »Wenn ich meine Augen auf einem Glas Port ruhen lasse, dann passiert es immer öfter, daß ich meinen Blick nicht mehr abwenden kann. Jetzt verstehe ich, daß manche Dinge für die Ewigkeit geschaffen sind!«
1910 trat Edmondo Carneiro in die Firma ein, die er bald übernahm und die heute von seinem Enkel José und Enkelin Jolanda geführt wird. Wiese & Krohn gilt bei Kennern als Fundgrube für Colheitas, jahrzehntelang im Holzfaß gereifte Jahrgangsports, die nebenbei bemerkt regelmäßig bei Blindverkostungen reüssieren. Daneben stellt man hier hervorragende Vintages her, zuletzt 1957, 1958, 1960, 1961, 1963, 1965, 1967, 1970, 1975, 1978, 1982, 1984, 1985 sowie 1991.

Stilleben mit Gründervater

AMBASSADEUR RUBY

(75 cl, 19 %vol)

Jugendlicher Port aus eher leichten Grundweinen, 3 Jahre im Holz gereift.

Ansprechender Ruby mit voluminösem Fruchtbukett und weichem, recht schokoladig-süßem Körper.

RIO TORTO

(75 cl, 20 %vol)

Vintage Character-Port aus Reben des Rio-Torto-Gebiets, eines Nebenflusses der Douro, an dem so bekannte A-Klasse-Quintas wie da Soulheira, das Lages, Bom Retiro, Bom Retiro Pequeno, da Corte und die Wiese & Krohn gehörende Quinta do Retiro Novo liegen.

Gut austarierter Port mit kräftiger, lebhafter Frucht (Kirschen, Cassis) und muskulösem, dabei doch fast zärtlichem Körper.

10 YEARS OLD
(75 cl, 20 %vol)

Klassischer Tawny mit Altersprädikat, 1995 abgefüllt.
Ein wohlsortierter herbstlicher Obstkorb, gefüllt mit Pflaumen, Mirabellen, Heidelbeeren und Backäpfeln, Wal- und Haselnüssen sowie Mandeln, parfümiert mit Zimt und Gewürznelken – einschmeichelnd und harmonisch.

COLHEITA 1965
(75 cl, 21,5 %vol)

Aus einer erst 1996 auf Flaschen gezogenen Restpartie des 1993 vom Institute of Masters of Wine mit dem Prädikat »excellent« ausgezeichneten Jahrgangsports.
Tiefes Kastanienbraun mit bernsteinfarbenen Einschlüssen, würzigem Aroma nach Herbstlaub, Wacholder und saftigen Beeren, voluminöser Süße auf der Zunge und intensivem Abgang.

Wiese & Krohn/ QUINTA DO RETIRO NOVO

Sarzedinho
5130 Sao Joao de Pesqueira

Am Dorfrand von Sarzedinho gelegenes, pittoreskes Weingut der höchsten Kategorie, 1989 von Wiese & Krohn aus verwandtschaftlichem Besitz der Carneiros erworben. In der Folge wurde die lange Jahre ungenutzte Kellerei wieder in Betrieb genommen, wobei die fünf Lagares erhalten blieben und durch zwei moderne Fermenter ergänzt, die Weinberge vorsichtig unter Bewahrung der noch nutzbaren alten Rebanlagen neu bepflanzt wurden, um auch maschinell bearbeitet werden zu können. Investitionen in ein Gut mit großer Vergangenheit und entsprechender Zukunft.

QUINTA DO RETIRO NOVO LATE BOTTLED VINTAGE 1991

(75 cl, 20 %vol)

Aus dem erstklassigen Jahrgang 1991, dem ersten der Quinta, 1995 abgefüllt.

Die Faust im Samthandschuh… etwas mehr Harmonisierungszeit in der Flasche wird die edlen Charakterzüge dieses noch ungestümen, aber schon durch vielschichtiges Frucht-Gewürz-Aroma beeindruckenden Ports herausarbeiten – auf dann!

Ebenfalls bei Wiese & Krohn entstehen die unter dem Label »Arnsby's« vermarkteten Ports, von denen in Deutschland nur eine Sorte erhältlich ist.

ARNSBY'S RICH TAWNY

(75 cl, 20 %vol)

In den 30er Jahren erwarb Edmondo Carneiro die alteingesessene Portfirma von Edmond Arnsby, von dem ganz Porto zu berichten wußte, er sei so begeistert von seinen Weinen gewesen, daß man ihn nie ohne ein Glas Port im Büro antraf und pro Tag mindestens eine Flasche von ihm genossen wurde…
Kein Wunder, probiert man diesen Tawny, der etwa 6 Jahre im Faß ausreifen konnte.

Ein einschmeichelnder Port mit schöner hellroter Farbe, weichen Nußtönen im reichen Fruchtbukett und cremigem Schokoladengeschmack.

Weitere offiziell registrierte Erzeuger

Jeder Erzeuger, der Portweine herstellen und vermarkten will, benötigt dazu die Genehmigung des IVP. Seit der Gesetzesänderung 1986 haben sich zahlreiche Weingüter und Winzergenossenschaften der Region Douro registrieren lassen, um künftig ihre Weine selbst abzufüllen und zu exportieren. Daneben besitzen viele der etablierten Shipper Tochterunternehmen, die meist durch den Aufkauf alteingesessener Handelshäuser entstanden sind. Groß geschriebene Namen verweisen auf den Hauptteil. Diese Aufstellung bezieht sich auf die offizielle Liste des IVP, Stand Januar 1996.

Beira Rio – Soc. Comercial de Vinhos, Lda.
Rua da Reboleira, 7
4000 Porto

Tochtergesellschaft von CALEM

Quinta do Sagrado Comercio de Vinhos, Lda.
Rua da Reboleira 7
4000 Porto

Tochtergesellschaft von CALEM

J. Carvalho Macedo, Lda.
Av. Ramos Pinto, 400
4401 Vila Nova de Gaia

Tochtergesellschaft von RAMOS PINTO

Agostino Amavel Costa
Ranhados
3630 Penedono

Kleiner Shipper mit Sitz in der Region Douro

C.N. Kopke & Ca., Lda.
Rua de Serpa Pinto, 183-191
4401 Vila Nova de Gaia

Tochtergesellschaft von BARROS-ALMEIDA, sehr bekannt für Top-Vintages

H. & C. Feist - Vinhos SA
Rua Serpa Pinto, 534
4400 Vila Nova de Gaia

Tochtergesellschaft von BARROS-ALMEIDA

Hutcheson & Ca., Lda.
Rua Serpa Pinto, 534
4401 Vila Nova de Gaia

Tochtergesellschaft von BARROS-ALMEIDA

The Douro Wine Shippers and Growers Association
Rua Serpa Pinto, 534
4401 Vila Nova de Gaia

Tochtergesellschaft von BARROS-ALMEIDA

C.C.V.P - Companhia Comercial de Vinho do Porto, Lda.
Rua Barao de Forrester, 73
4400 Vila Nova de Gaia

Alteingesessenes Porthandelshaus

C. da Silva Vinhos SA

siehe MAC DUFF'S

Martinez Gassiot & Co, Ltd.
Rua das Coradas, 13
4401 Vila Nova de Gaia

1790 gegründetes Porthaus, Schwestergesellschaft von COCKBURN

Companhia Geral da Agricultura das Vinhos do Alto Douro
Rua Azevedo de Magalhaes, 314
4401 Vila Nova de Gaia

Einstige Monopolgesellschaft des Marquis von Pombal, gehört heute zu REAL COMPANHIA

Manuel da Silva Reis & Ca., Lda.
Rua Azevedo de Magalhaes, 314
4401 Vila Nova de Gaia

Firma des gleichnamigen Finanzmagnaten, gehört heute zu dessen REAL COMPANHIA

Richard Hooper & Sons & Ca, Lda.
Rua Azevedo de Magalhaes, 314
4401 Vila Nova de Gaia

Tochtergesellschaft der REAL COMPANHIA

Adega Cooperativa de Alijo
Av. 25 de Avril, 15
5070 Alijo

Winzergenossenschaft des im nördlichen Cima Corgo gelegenen Ortes Alijo

A.P. Santos & Ca., Lda.
Rua Felizardo de Lima, 74
4401 Vila Nova de Gaia

Tochtergesellschaft von ANDRESEN

Mackenzie & Ca., Lda.
Rua Felizardo de Lima, 74
4401 Vila Nova de Gaia

Tochtergesellschaft von ANDRESEN

Pinto Pereira, Lda.
Rua Felizardo de Lima, 74
4401 Vila Nova de Gaia

Tochtergesellschaft von ANDRESEN

Soc. dos Vinhos do Alto Corgo
Rua Felizardo de Lima, 74
4401 Vila Nova de Gaia

Tochtergesellschaft von ANDRESEN

Soc. dos Vinhos Borges, SA
Rua General Torres, 923
4401 Vila Nova de Gaia

Porthandelshaus

Garret & Ca., Lda.
Av. da Republica, 796
4401 Vila Nova de Gaia

Tochtergesellschaft des Handelshauses Borges

Costa Junior & Filhos, Lda.
Quinta de Castanheira
S. Loao de Lobrigos
5030 Santa Maria de Penaguiao

Weingut im nördlichen Baixo Corgo, am rechten Flußufer des Rio Corgo

Croft & Ca., Lda.
Largo de Joaquim Magalhaes, 23
4401 Vila Nova de Gaia

Seit 1678 nachgewiesenes Porthaus der Spitzenklasse, Single-Quinta-Ports der A-Kategorie-Quinta da Roeda, heute Tochtergesellschaft von IDV (International Destillers & Vintners); siehe auch DELAFORCE

Morgan Brothers, Lda.
Largo de Joaquim Magalhaes, 23
4401 Vila Nova de Gaia

Tochtergesellschaft von Croft

Soc. Vinicola de Temilobos, Lda.
Largo de Joaquim Magalhaes, 23
4401 Vila Nova de Gaia

Tochtergesellschaft von Croft

Cooperativa Vitivinicola do Peso da Régua
Rua de Lousada-Gondim
5050 Peso da Régua

Winzergenossenschaft von Peso da Régua am unteren Douro

Gran Cruz Porto – Soc. Comercial de Vinhos, Lda.
Rua José Mariani, 390
4401 Vila Nova de Gaia

Erfolgreichste Portmarke in Frankreich – die Firma produziert nicht selbst, sondern kauft fertige Ports nach Bedarf bei Shippern

Alfredo Eugenio Hoelzer Quinta do Val da Figueira
Covas do Douro
5085 Pinhao

A-Kategorie-Quinta, liefert an CALEM, daneben ein Single Quinta Tawny aus eigener Erzeugung

Alberto de Castro Lanca, Lda.
Rua José Mariani,139
Apartado 66
4401 Vila Nova de Gaia

Tochtergesellschaft von MESSIAS

Murcas, Limitada
Quinta dos Murcas
Covelinhos
5050 Peso da Régua

In den letzten Jahren mit RAMOS-PINTO-Hilfe auf den neuesten Stand gebrachte Quinta, verkauft 85% der Trauben an Shipper und erzeugt Single Quinta LBVs

ADEGA Cooperativa de Murca, CRL
Rua F.B.Carneiro Lopes, 4
5090 Murca

Genossenschaftskellerei der Weinbauern von Murca im nördlichen Cima Corgo

Robertson Bros. & Ca., SA
Largo de Miguel Bombarda, 3
4401 Vila Nova de Gaia

Tochtergesellschaft von SANDEMAN

ADEGA Cooperativa de Sanfins do Douro, CRL
Sanfins do Douro
5070 Alijo

Winzergenossenschaft von Sanfins do Douro im nördlichen Cima Corgo zwischen Alijo und Sabrosa

ADEGA Cooperativa de Vila Flor
Estrada National
5360 Vila Flor

Genossenschaftskellerei von Vila Flor im Norden des oberen Douro

Quinta do Convento de S. Pedro das Aguias, Lda.
Távora
5120 Tabuaco

Am Südrand der Port-Region Cima Corgo gelegene 120-Hektar-Quinta, nur in Frankreich erhältliche Ports der Marken do Paco, Monte Redondo und Sao Pedro das Aguias

AIDA Coimbra Ayres de Mattos & Filhos, Lda.
Rua de Alcantera, 221
4300 Porto

Mindestens seit 1785 Besitzer der Quinta da Costa im Cima Corgo, seit 1984 Herstellung von Ports auch aus zugekauftem Traubengut für den portugiesischen Markt

J.A. & M.G. Bulgas Cruz
Rua Margarida Chaves, 61
5000 Vila Real

Selbstabfüllender Erzeuger

Jaime Acacio Queiroz Cardozo
Cheires – Sanfins do Douro
5070 Alijo

Selbstabfüllendes Weingut im nördlichen Cima Corgo

Jaime Machado Aires Lopez
Quinta do Cais
Covelinhas
5050 Peso da Régua

Weingut am unteren Douro, Erzeugerabfüllungen

José Manuel Barros Viseu
Valdigem-Douro
5050 Peso da Régua

Port erzeugender Weinbaubetrieb am unteren Douro

José Pinheiro Cardoso
Quinta do Passadouro de Cima
Vacalar-Douro
5051 Peso da Régua Codex

Bislang kauften SANDEMAN und NIEPOORT die Trauben für Single Quinta Vintage, seit kurzem auch Gutsabfüllungen

J.B. Taveira
Quinta do Terreiro
Cidadelhe-Caldas de Moledo
5050 Peso da Régua

Der Quinta de Cotto von CHAMPALIMAUD benachbartes Weingut mit guten Rebhängen, selbstabfüllender Betrieb

Maria Natalia L. Monteiro
Praca Marques do Pombal, 193
4000 Porto

Selbstabfüllender Betrieb mit Firmensitz in Porto

Serafim dos Santos Parente
5085 Pinhao

Gutsabfüller

Soc. Agricola da Romeira, SA
Rua de S. Joao, 34-1 Frente
4000 Porto

Porthaus mit Quintabesitz, erzeugt auch Single Quintas

Soc. Agricola da Quinta do Crasto
Rua da India, 10
4100 Porto

Zwischen Covelinhas und Pinhao am rechten Dourouſer gelegene Quinta der A-Kategorie, Single Quinta Ports

Skeffington, Vinhos, Lda.
Rua do Choupelo, 250
4401 Vila Nova de Gaia

Tochtergesellschaft von TAYLOR'S

Soc. Agricola e Comercial da Quinta do Bucheira, Lda.
Rua de S. Caetano
Celeiros do Douro
5060 Sabrosa

Exporthaus, dessen Ports vorwiegend von der im nördlichen Cima Corgo gegelegenen Quinta do Bucheiro stammen

Romariz – Vinhos, SA
Rua de Rei Ramiro, 356
4401 Vila Nova de Gaia

Porthaus, das vorwiegend aus zugekauftem Traubengut Portweine erzeugt

Soc. Agricola Barros, SA
Quinta da Vista Alegre
5060 Sabrosa

Selbstabfüllendes Weingut im nördlichen Cima Corgo

ADEGA Cooperativa de Favaios, CRL
Favaios
5070 Alijo

Winzergenossenschaft im nördlichen Cima Corgo zwischen Rio Pinhao und Rio Cotas

ADEGA Cooperativa de Mesao Frio, CRL
Fundo de Vila
5040 Mesao Frio

Genossenschaftskellerei von Mesao Frio

ADEGA Coprativa de Santa Marta de Penguiao, CRL
5030 Santa Marta de Penaguiao

Gemeinschaftskellerei der genossenschaftlichen Weinbauern von Santa Marta am unteren Douro, westlich von Regua

Caves Ribatua e Pinhao uniao de Adegas Cooperativas, CRL
Av. 25 de Abril
5070 Alijo

Zentrale Kellerei der Genossenschaften von Pinhao und der Region Ribatua im Gebäude der Kellerei von Alijo

Quinta do Infantado – Vinhos do Porto, Lda.
Endereco
Covas do Douro
5085 Pinhao

Renommierte Quinta der A-Kategorie mit 55 Hektar Rebflächen, erzeugt Gutsabfüllungen ihrer Single Quinta Ports

Manuel Pedro Martha & Irmao
Quinta das Almoinhas
5110 Armamar

Selbstabfüllendes Weingut, exportorientiert

Produtores Associados de Vinhos Progresso do Douro, Lda.
Rua da Lousada, 37
5050 Peso da Régua

Erzeugergemeinschaft vom mittleren und unteren Douro, exportorientiert

Portwein genießen

Die Vielfalt seiner Typen und Charaktere machen Portwein zu einem Getränk für alle Gelegenheiten. Lediglich als Begleiter durch ein Menü ist er wohl eher fehl am Platz oder bestenfalls ein gewagtes Experiment, auch wenn er zu einzelnen Gängen der Speisenfolge durchaus passen mag (etwa zu Gänseleber und manchen Desserts). Ansonsten bietet Port Qualitäten für jede Situation: leichte Aperitifs, wuchtige Digestifs oder auch anregende und erfrischende Sorten für den Drink zwischendurch – immer im Bewußtsein des Umstandes, daß wir es mit einer relativ hochprozentigen Spezies zu tun haben und ein gewisses »Augenmaß« schon angebracht ist.

Wer jugendliche Kraft mit viel Frucht und üppiger Süße schätzt, wird in vielen Lebenslagen gerne zu einem Ruby greifen. Außer beim Aperitif – hier eignet sich ein möglichst trockener Tawny besser, den die Winzer und Shipper in der Heimat des Ports übrigens gerne auch, leicht gekühlt, als Erfrischung am Nachmittag trinken. Perfekt vor dem Essen: natürlich ein Dry White Port. Man kann ihn in Zimmertemperatur genießen, um in den Genuß seiner ganzen Aromenfülle zu kommen. Die meisten werden aber seiner frischeren Seite den Vorzug geben, leicht oder stärker gekühlt oder gar mit ein, zwei Eiswürfeln.

Port ist Genuß pur, ohne daß man ihn deshalb unbedingt pur genießen müßte. Die Port-Macher sind selbst alles andere als »etepetete« im Umgang mit ihren edlen Produkten. Vor einem Essen im Hause Sandeman in Vila Nova de Gaia, zu dem uns George Sandeman eingeladen hatte, ließ er als Aperitif einen »Porto Splash« servieren – eine auf den ersten Blick gewagt klingende Kombination, die sich aber als höchst harmonischer und belebender Mixdrink entpuppte: Man nehme ein Longdrink-Glas, gebe 5 cl trockenen weißen Port und 2–3 Eiswürfel hinein; das Ganze mit Tonic Water (für Kalorienbewußte: mit Slimline Tonic) aufgießen, mit etwas Zitrone abspritzen und mit einer Zitronenscheibe garnieren. Der Zitronensaft läßt sich nach Belieben auch durch einen Barlöffel Limettensirup ersetzen. Ein trockener, appetitanregender Drink mit Erfri-

Ob Zange oder Korkenzieher – ist ein Vintage einmal geöffnet, sollten Sie sich nicht der Illusion hingeben, sich über die nächsten zwei Wochen täglich ein Gläschen gönnen zu können. Sie hätten von Tag zu Tag weniger Freude daran. Vintage ist nun einmal ein fragiles Geschöpf und sollte den Tag des Dekantierens nach Möglichkeit nicht »überleben« – länger in der Karaffe aufbewahrt, würde er die Qualitäten verlieren, die ihn so faszinierend machen. Man kann es aber auch positiv sehen: Wem eine Flasche am Abend zu viel ist, der sollte ein paar Freunde einladen – ein Vintage Port ist ein »geselliges« Getränk, bei dem sich gemeinsam wunderbar probieren, diskutieren, staunen und schwärmen läßt. Und: geteilte Freude ist doppelte Freude!

Andere Portwein-Typen sind robuster und länger haltbar, wenn auch nicht unbegrenzt. Port ist nun einmal keine hochprozentige Spirituose. Manche Skeptiker meinen, jeder Port solle grundsätzlich innerhalb weniger Tage oder maximal Wochen getrunken werden, sonst sei er nicht mehr genießbar. Zugegeben: Portwein gibt, wie im Grunde jedes Getränk, sofort nach dem Öffnen flüchtige Aromen ab und tut dies auch nach dem Ausschenken von ein, zwei oder mehr Gläsern weiterhin, trotz Wiederverkorkens – das Luftvolumen in der Restflasche reicht. Dennoch sind wir im Hinblick auf die Haltbarkeit etwas optimistischer: Schließlich wurde zum Beispiel der Late Bottled Vintage als Port-Typ von Taylor's speziell zu dem Zweck »erfunden«, einen Wein in der Art eines Vintage zu schaffen, der jedoch nach dem Öffnen ohne weiteres auch über Wochen haltbar sein sollte. Wieder verkorkt und an einem kühlen, dunklen Ort aufbewahrt, kann ein faßgereifter Port durchaus zwei bis drei Monate ohne allzu dramatische Qualitätsverluste »durchhalten«, bevor er ganz ausgetrunken wird, ein kräftiger Ruby möglicherweise auch ein halbes Jahr. Sehr viel länger sollte man es jedoch nicht probieren. Ein guter, verlockender Port wird bei einem wahren Genießer auch kaum je für so lange Zeit wieder in den Keller verbannt werden ...

Überhaupt sollte man sich öfters einmal ein Gläschen gönnen, um einen komplexen Portwein-Charakter wirklich kennenzulernen. Und dabei auch einmal zwischen den Typen wechseln, sich »durchprobieren«, um die eigene, individuelle Stilrichtung zu finden – erst der Überblick macht den Genuß möglich und komplett.

Portwein im Glas

Port ist zwar eine Weinspezialität – gleichwohl wäre ein Rotweinglas die falsche Wahl. Aus seiner breiten Form würden die Aromen zu direkt, ja als massiv wahrgenommen, und sie würden sich auch zu schnell verflüchtigen. Eine geeignete Glasform soll die Portweindüfte zügeln, bündeln und der Nase des Feintrinkers im richtigen Maße, sozusagen mit Muße vermitteln. Für ein so altes und traditionsreiches Getränk wie Port hat sich auch entsprechend früh eine angemessene Form herauskristallisiert: im weitesten Sinne ein tulpenförmiges Stielglas, dessen Kamin sich nach oben hin etwas verengt. Von dieser Grundform gibt es zahlreiche Varianten, die mehr oder weniger alle ihre Funktion erfüllen. Wer aus funktioneller Sicht die Idealform sucht, wird um einen Direktvergleich im Praxistest nicht herumkommen. Wir selbst nehmen es damit nicht übertrieben genau. Alle Portweingläser, die man im Handel findet, erfüllen ihren Zweck, und im Zweifel sollte man seinen ästhetischen Geschmack entscheiden lassen, schließlich trinkt das Auge mit. Für den Klassiker Port gibt es keine hypermodern auf Zeitgeist hin durchgestylten Glasformen. Die gängigen Gläser sind zeitgemäß elegant, aber klassisch orientiert. So gesehen kann man durchaus auch noch mit den Erbstücken aus Uromas Wohnzimmerbüfett leben, deren Nostalgik das Klassiker-Image des Port unterstreichen kann – bei geschliffenem Glas muß man allerdings berücksichtigen, daß darin, wegen der Lichtbrechung, die Farbe des Port nicht uneingeschränkt beurteilt werden kann.

Wer nicht so häufig Port trinkt und sich keine Spezialgläser zulegen möchte, ist gegebenenfalls auch mit nicht zu kleinen Sherrygläsern gut bedient. Sie wären auch eine gute Alternative zu Portweingläsern, wenn es um zimmertemperierten oder gekühlten White Port geht. Ein Eiswürfel paßt auch noch in ein Sherry- oder Portglas. Wenn es, an einem warmen Tag, einmal mehr Eis sein soll, bietet sich ein niedriges, zylinderförmiges Glas an, wie man es für Whisky verwendet – der klassische Tumbler. Und wenn zusätzlich mit Soda oder Tonic aufgegossen werden soll, ist ein schlichtes Longdrinkglas die beste Wahl.

Riedel Vintage

Riedel Tawny

Spiegelau, Serie »Grand Palais«, Aperitifglas

Spiegelau, »Vino Grande«, Südweinkelch

Villeroy & Boch

Schott

Theresienthal

Christinenhütte

Portwein in der Küche

Fällt das Stichwort Portwein in kulinarischem Zusammenhang, so kommen einem zwei Kulturkreise in den Sinn: Portwein als Element und Grundprodukt seiner heimatlichen, der portugiesischen Küchenkultur, aber auch als unverzichtbarer Bestandteil der klassischen französischen Cuisine. Während die erste Verbindung auf der Hand liegt, bedarf die große »amour« der französischen Köche zum Portwein eines kurzen historischen Rückblicks. Kochen ist eine flüchtige Kunst – was die Zeiten überdauern kann, ist nicht die vergängliche Schöpfung, sondern der daraus resultierende Ruhm eines Küchenkünstlers. Zwei Namen stehen bis heute für die Geburtsstunde der Grande Cuisine. Beide Meister kochten mit dem edlen Wein aus Porto, führten ihn als Klassiker ein. 1784 wurde Antonin Carême in Paris geboren, ein Jahrhundert später Georges Auguste Escoffier, den man »König der Küchenchefs und Küchenchef der Könige« nannte – bis heute unvergessene Vorreiter der Haute Cuisine, verbrachten beide die wichtigsten Stationen ihrer Karriere in der Hauptstadt des Port, in London. Carême, ab 1816 als Küchenchef des englischen Prinzregenten der kulinarische Nonpareil des lebensfrohen Regency-Zeitalters, entwickelte die bis heute gültige Maxime der Vereinbarkeit und Harmonie von Aromen und Konsistenz innerhalb eines Menüs. Seine Saucen mit Port, die sehr häufig die in England beliebte und geschmacklich ansprechende Kombination aus Johannisbeergelee, Port und Orangensaft variierten, standen Pate bei heute noch in aktuellen Kochlexika zu findenden Saucen. Man denke nur an die klassische »Sauce Grand Veneur« (braune Wildsauce, mit Port verfeinert), die »Roe-Buck-Sauce« (Schinken-Essig-Sauce, mit Port aromatisiert), die »Port-Sauce à l'Anglaise« (Port mit Thymian und Schalotten aromatisiert, reduziert, mit Orangensaft und Kalbsfond verlängert) oder die exotisch klingende »Sauce Sultan« (mit Port gewürzter Wildfond, durch Rosinen parfümiert), zu der sich Carême sicherlich durch seinen Arbeitsplatz im märchenhaft-pompösen Pavillon-Palast im südlich von London gelegenen Brighton hat inspirieren lassen. Noch heute steht der Begriff »nach Art von Carême« bei kurzgebratenen Fleischstücken für die Beigabe einer Sauce auf Basis des großen portugiesischen Südweines.

Carêmes großer Nachfolger Escoffier war der Erfinder der »stilvollen Schlichtheit«: Er vereinfachte aufwendige Menüs, organisierte Küchenabläufe in Richtung à-la-minute-Zubereitung und schuf damit Grundlagen der modernen Küche. 1889 kam der damals schon weltberühmte Koch als Küchenchef ins Londoner Savoy und kochte sich im Lebenstaumel des Fin-de-Siècle in die Herzen der High-Society. Er kreierte unzählige Gerichte, beispielsweise die »Tournedos 1900« (mit Gänseleberfüllung in Portsauce), Vorläufer seiner unsterblichen »Tournedos Rossini« (Lendenschnitte mit Gänseleber und Trüffel).

Der letzte wirklich große Schrittmacher der französischen Cuisine vor Bocuse war der Küchenzar der Belle Époque, Maurice Edmond Saillard, alias Curnonsky. Seine Leidenschaft für die klassische Küche und sein umfangreiches literarisches Werk lassen ihn als nationale Institution Frankreichs erscheinen – seine Vorliebe für reiche Saucen auf Portweinbasis spiegelt sich etwa in den ihm zugeschriebenen, heute noch gern in französischen Spitzenrestaurants angebotenen »Tournedos Curnonsky«: sautierte Filetmedaillons, mit gedünsteter Tomatenscheibe und pochiertem Rindermark belegt, in Portwein-Trüffelsauce.

Zur Kaninchenterrine: mit Port aromatisierte Hagebuttensauce

Nur im Rückblick auf diese Koch-Genies und im Hinblick auf die kreative Kraft, mit der sie die Kochkunst Frankreichs und der westlichen Welt auf Dauer geprägt haben, läßt sich einigermaßen nachvollziehen, welchen Rang Portwein als Zutat in der französischen Küche einnimmt. Ein klassisch-französisch inspiriertes Menü, in dem in jedem Gang mit Port gearbeitet wird, könnte etwa so aussehen:

KANINCHENTERRINE MIT HAGEBUTTENSAUCE

400 g gewürfeltes Kaninchenfleisch
250 g Hähnchenleber
1/8 l Tawny Port
300 g Schweinemett
3 kleine Zwiebeln, gewürfelt
2 EL Butter
2 Eier
Salz, Pfeffer
2 Prisen Thymian,
1 Prise Koriander
100 g gehackte Pistazien
dünne Speckscheiben
Lorbeerblatt
1 Glas Hagebuttenmus
1 Tl Senf
Zitronenschale, Pfeffer
3 EL Tawny

Kaninchenfleisch mit der geputzten Leber über Nacht im Port marinieren. Kaninchenfleisch mit der Hälfte der Leber und den Zwiebeln durch den Wolf drehen (feine Scheibe). Mett, Eier, Gewürze und Pistazien unter die Fleischmasse rühren. Abschmecken. Die restliche Leber kurz in Butter dünsten, so daß sie innen noch rosa ist. Eine Terrinenform mit Speck auslegen. Abwechselnd Fleischfarce und Leberstücke einschichten, mit Speck abdecken und das Lorbeerblatt oben auflegen. Die Terrinenform schließen und im Wasserbad bei 180 Grad 1 Stunde garen. Auskühlen lassen und 1–2 Tage im Kühlschrank erstarren lassen. Für die Sauce das Hagebuttenmark, den Senf und den Port verrühren und mit Zitronenschale und Pfeffer abschmecken. Auf einen Teller einen Saucenspiegel angießen, darauf eine Scheibe Terrine legen. Mit einem Thymianzweig garnieren.

LACHSSALAT

1 Kopf Friséesalat
100 g Champignons
300 g Räucherlachs, in Streifen geschnitten
2 Orangen
4 EL Mayonnaise
2 EL weißer Port
Salz, Pfeffer, Zucker

Salat waschen und zerteilen. Pilze putzen und in Scheiben schneiden. Orangen filetieren. Salat, Pilze und Orangen mischen, mit den Lachsstreifen garnieren. Mayonnaise mit Port verrühren, abschmecken und über den Salat geben.

HIRSCHRAGOUT EN FEUILLETÉ

1 Paket Tiefkühl-Blätterteig
750 g Hirschgulasch
6 EL Olivenöl
1 Dose Tomatenmark (70g)
Salz, Pfeffer
1/2 TL Wildgewürz
1/8 l roter Port
1/4 l Fleischbrühe
150 g Austernpilze
250 g Äpfel, gewürfelt
3 EL Preiselbeeren
1 Becher Crème Fraîche

Blätterteig auftauen und auf ca. 27 cm Durchmesser ausrollen, in der Mitte einen Dampfkamin ausstechen. Fleisch portionsweise anbraten, Tomatenmark kurz mit anschwitzen, würzen, mit Port und Brühe ablöschen. Zugedeckt 45 Minuten schmoren lassen. 10 Minuten vor Ende der Garzeit die Pilze, Apfelstücke und die Preiselbeeren zum Fleisch geben. Zum Schluß mit Crème Fraîche abrunden, abschmecken. In eine Auflaufform (ca. 25 cm Durchmesser) geben und mit dem Blätterteig abdecken. Den Teig am Rand fest andrücken. Im vorgeheizten Backofen bei 200 Grad 10–12 Minuten backen. Sofort servieren.

Hirschragout En Feuilleté

BROMBEER-PORTWEIN-CREME

250 g Brombeeren
2 Eier
4 EL Zucker
1 Päckchen Vanillezucker
Saft einer Zitrone
abgeriebene Orangenschale
300 ml Schlagsahne
1/8 l roter Port
6 Blatt Gelatine
6 EL heißes Wasser

125 g Brombeeren pürieren. Gelatine einweichen und im heißen Wasser auflösen. Eigelb mit Zucker und Vanillezucker schaumig schlagen. Zitronensaft, Orangenschale, Brombeeren, die Hälfte der Sahne und Portwein unterrühren. Gelatine unterziehen und kurz kühl stellen. Eiweiß und restliche Sahne getrennt steif schlagen. Wenn die Brombeer-Port-Creme zu gelieren beginnt, vorsichtig den Eischnee unterheben. Creme in eine große Servierschale geben. Dann die Schlagsahne mit den restlichen Brombeeren langsam spiralförmig unterziehen.

Ganz anders als die klassische französische Küche arbeitet die Küchentradition der nordportugiesischen Provinzen mit ihrem süßen Vorzeigewein. Hier liebt man den Einsatz von Gewürzen und Kräutern; schmort Fleisch in Port, um das Gericht schließlich mit Zitronensaft aufzufrischen; schätzt Feigen, Nüsse, Eier, Vanille und den 1497 von dem Portugiesen Vasco da Gama aus Indien in die Heimat mitgebrachten Curry als Grundzutat, der Küstenfischen ebenso wie Meeresfrüchten satte gelbe Farbe und würzigen Geschmack verleiht. Beliebt ist hier auch die »Acorda« genannte Brotsuppe aus in Wasser und weißem Port gekochten Krustentieren, deren Sud mit Brot gedickt, mit Petersilie abgeschmeckt und mit Eigelb gebunden wird, bevor das ausgelöste Fleisch wieder hinzugefügt wird. Übrigens: Portugal-Besucher aus dem schwäbischen Südwesten Deutschlands werden sich in der Fremde kulinarisch schnell zu Hause fühlen. Die im Zuge der Völkerwanderung um das Jahr 400 im Raum Porto eingewanderten Sueben aus dem heutigen Württemberg haben ihre Liebe zu deftigen Blutwürsten, Gemüseeintöpfen und Innereien, vor allem zu Kutteln mitgebracht und sich bewahrt – unseres Wissens werden Kutteln nirgends höher geschätzt als in Schwaben und Nordportugal.

Berühmte Klassiker sind auch die beiden folgenden bodenständigen Gerichte aus der Region um Porto:

WEISSER BOHNEN-EINTOPF

250 g getrocknete weiße Bohnen
2 l Fleischbrühe
1 Bund Suppengrün
750 g Schweineschulter
50 g Olivenöl
250 g Zwiebeln
1 Knoblauchzehe
Salz, Pfeffer, Thymian
500 g Birnen
150 g Kurpflaumen
1 Bund Petersilie und Dill
50 g Crème Fraîche
weißer Portwein

Die Bohnen über Nacht in kaltem Wasser einweichen. In der Fleischbrühe 1 Stunde vorkochen. Schweineschulter würfeln, mit dem Öl in einem Topf anbraten. Gehackte Zwiebeln und Knoblauch dazugeben. Abschmecken und mit Portwein ablöschen. Die Bohnenbrühe dazugeben und eine Stunde simmern lassen. Derweil Birnen schälen, entkernen und in Spalten schneiden. Eine halbe Stunde vor Ende der Garzeit zusammen mit den Pflaumen und dem Suppengrün in den Topf geben. Kräuter hacken und zum Schluß zusammen mit der Crème Fraîche in die Suppe rühren. Mit Portwein großzügig abschmecken.

Deftig: Portugiesischer Bohnen-Eintopf

Ebenfalls mit weißem Portwein aromatisiert wird das folgende Nationalgericht:

COZIDO A PORTUGUESA

500 g Rindfleisch
1 Kochwurst
1 kleine Blutwurst
2 l Wasser
1/8 l weißer Port
200 g durchwachsener Speck
2 Tassen Reis
1 kleiner Weißkohl
1 kleiner Wirsing
500 g Möhren
4 weiße Rüben
4 Kartoffeln
1 kleine Dose weiße Bohnen
6 Scheiben Weißbrot
Pfefferminzkraut, Salz, Pfeffer

Rindfleisch mit dem Speck in Port und Wasser nahezu gar kochen, dann aus der Brühe nehmen. Das Gemüse putzen und in kleine Stücke schneiden. Rüben und Kartoffeln in die Brühe geben und 10 Minuten kochen lassen, dann den Kohl zugeben. Weitere 20 Minuten simmern lassen. Blut- und Kochwurst, das Rindfleisch und die Bohnen dazugeben und durchziehen lassen. In der Zwischenzeit den Reis kochen. Gemüse, Fleisch, Wurst und Reis auf einer Platte anrichten. Brühe kräftig abschmecken. Brotscheiben in eine Terrine geben, mit Brühe übergießen und gehacktes Pfefferminzkraut darüberstreuen. In Suppentassen nimmt man nach Belieben Brühe und Einlagen.

Zwei Beispiele für die bäuerliche Kraft und gleichzeitige Feinheit der Aromen der portugiesischen Küche. Nordportugal ist ein gastfreundliches Land. Schnell sind die Bewohner von Porto und im Tal des Douro mit Häppchen zum Port-Aperitif bei der Hand, servieren die Früchte ihrer kargen Heimat: eingelegte Oliven und Mandeln, dazu frische Orangenfilets und im Herbst Trauben; oder auch die für Porto so typischen Innereien, die sie beispielsweise in Form einer im Teig ausgebackenen Kuttelpastete (schmeckt erstaunlich gut!) oder als Entenlebercreme präsentieren. Daneben sind in der Heimat des Port kleine Leckereien auf Basis von Meeresfrüchten sehr beliebt – das Meer vor Porto liefert immer noch reiche Erträge. Als Eröffnung eines typischen Menüs dieser mit der spanischen Küche verwandten, aber dennoch sehr eigenständigen Kochweise könnten Sie neben Oliven und Obst die folgenden Häppchen präsentieren, ergänzt durch kräftige Salami und rohen Schinken:

Vorspeisenplatte nach Art von Porto

Gambas aus dem Ofen

12 Riesengarnelen
4 Knoblauchzehen, in Scheiben
glattstielige Petersilie, gehackt
6 EL Olivenöl
6 EL Port
2 EL Zitronensaft, Salz

Garnelen in einer ofenfesten Form mit dem Öl begießen, mit Petersilie und Knoblauch bestreuen und auf dem Backofenboden bei 250 Grad 7 Minuten garen. Port und Zitronensaft über die Garnelen träufeln, warm servieren.

Kalbsnieren in Portwein-Sauce

1 Kalbsniere à 300 g
2 Knoblauchzehen, in Scheiben
3 EL Olivenöl
1 TL Paprikapulver, edelsüß
100 ml weißer Port
1 grüne Chilischote in Ringe geschnitten, Salz

Vorspeisenplatte nach Art von Porto

Die gut geputzte Niere in Scheiben schneiden. Knoblauch im Olivenöl andünsten, mit dem Paprika bestäuben und anschwitzen, mit 4 EL Port ablöschen. Wenn der Port verdampft ist, die Niere und den Chili zugeben, unter Rühren salzen und andünsten. Den restlichen Port angießen und etwa 7 Minuten garen.

HERZMUSCHELN IN KNOBLAUCHSAUCE

500 g Herzmuscheln (ersatzweise Miesmuscheln)
3 Knoblauchzehen, in Scheiben
2 rote Chilischoten, in Ringe geschnitten
glatte Petersilie, gehackt
8 EL Olivenöl
1 El Mehl
Salz
1 TL Paprika, edelsüß
100 ml trockener Vinho Verde
100 ml weißer Port
1 TL Senf

Muscheln säubern, offene Muscheln wegwerfen. Knoblauch, Chili und Petersilie bei milder Hitze in Öl anschwitzen. Mehl und Paprika darüberstäuben, anschwitzen, Weine und Senf unterrühren. Sauce aufkochen, die Muscheln dazugeben und 10 Minuten im geschlossenen Topf kochen, ab und zu durchrütteln.

Portugiesische Tomatensuppe, mit Portwein verfeinert

Zur Vorspeisenplatte einen gut gekühlten weißen Port oder einen leicht gekühlten jungen Tawny anbieten, für ausreichend Brot sorgen.

Suppen sind Tradition in Nordportugal. Ob die Kohlsuppe Caldo Verde oder die leichte, sommerliche Canja (Hühnerbrühe mit Zitrone und Minze) – ein Menü ohne Suppe erscheint Portugiesen ärmlich. Als Einstieg in ein portugiesisches Menü würden wir eine Tomatensuppe vorschlagen, ebenfalls ein Nationalgericht:

PORTUGIESISCHE TOMATENSUPPE

500 g reife Tomaten, püriert
2 Zwiebeln, in Ringe geschnitten
40 g Butter
1 Knoblauchzehe, Salz, Pfeffer
1/2 l Brühe
1 Glas roter Port
2 hartgekochte Eier, zerhackt
Schnittlauchröllchen

Zwiebelringe in Butter anschwitzen, Knoblauch dazupressen. Tomatenpüree zugeben, abschmecken. Brühe angießen, unter Rühren gut durchkochen lassen. Mit Port aromatisieren. Vor dem Servieren mit Eiern und Schnittlauch garnieren.

Als Hauptgang:
GEFÜLLTES HUHN

1 Junghuhn
Salz, Pfeffer, Paprika, Zucker, Zimt
30 g Klärbutter
1/4 l Fleischbrühe
1/8 l weißen Port
3–4 Zwiebeln, geviertelt
2 Äpfel, in Spalten
30 g Butter
50 g Rosinen
Schlagsahne, Soßenbinder

Huhn salzen, pfeffern und mit etwas Paprika und Portwein einreiben. Für die Füllung Butter erhitzen, Zwiebeln glasig dünsten, Äpfel und Rosinen zugeben und mit Salz, Pfeffer, Zucker und Zimt abschmecken. Huhn füllen, zustecken und im vorgeheizten Backofen bei 200 Grad ca. eineinhalb Stunden braten. Zwischendurch mit der Brühe und dem restlichen Port begießen. Zum Schluß das Huhn mit Salzwasser bestreichen und zum Knusprigbraten kurzzeitig die Hitze auf 250 Grad erhöhen.

Währenddessen den Bratfond durchsieben und mit Brühe verlängern. Sauce mit Sahne und Soßenbinder binden. Dazu paßt Safranreis.

Als Dessert:

Birnen in Portweinsahne

3/8 l Ruby Port
3 EL Zucker
1 EL Zitronensaft
1 kleine Zimtstange
3 weiße Pfefferkörner
4 kleine Birnen
150 g Zucker
1/4 l Schlagsahne
1 Päckchen Vanillezucker

Port, Zucker und Zitronensaft aufkochen. Zimtstange und weiße Pfefferkörner zugeben. Birnen schälen, die Stiele nicht entfernen. Zugedeckt 25 Minuten im Sud ziehen lassen, dabei mehrfach wenden. Im Port-Sud auskühlen lassen. Den Sud danach durch ein Sieb passieren, 3 El abnehmen. Mit dem Zucker zu Sirup verkochen lassen, diesen über die Birnen geben. Schlagsahne mit Vanillezucker steifschlagen, mit den 3 EL Port-Sud aromatisieren. Sahne zu den Portweinbirnen reichen.

Guten Appetit!

Birne in Portweinsahne

Portwein in der Bar

Kraftvoll-komplexe Weine mit stabilem Alkoholkorsett – Port bietet damit eine durchsetzungsfähige Grundlage für zahlreiche Mixgetränke. Auch wenn man in Cocktails grundsätzlich nur beste Zutaten verwenden sollte, etwa erstklassigen Gin oder Rum, so gilt dies im Hinblick auf Portwein als Zutat nur mit Einschränkung: der »beste« oder gar teuerste wäre an einen Mixdrink mit Sicherheit verschwendet. Die raren, alten Port-Typen sollten als Solisten glänzen, und gar einen edlen Vintage im Shaker durchzuschütteln käme einem Sakrileg gleich. Durchaus geeignet sind dagegen ein kräftiger, süßer Ruby, der einem Cocktail auch eine satte Farbe verleihen kann. Oder auch ein nicht zu alter, trockener Tawny. Unter den Vertretern dieser Stilrichtungen gibt es preiswerte Marken, die dennoch Klasse und Charakter besitzen und durchaus einmal ihre Harmoniefähigkeit im Konzert mit anderen Zutaten beweisen können. Dennoch spielt Portwein in der klassischen Bar nur eine Nebenrolle. Lediglich in einem der fünfzig »Weltcocktails« der International Bartenders Association (IBA) ist Port überhaupt vertreten – in einem trockenen Aperitif namens »Princeton«.

Welcome, Port!

PRINCETON

4 cl Dry Gin
2 cl roter Portwein
2 Dashes (Spritzer) Orange-Bitter
Zitronenschale
Zutaten im Mixglas kurz auf Eis rühren, in Cocktailschale abseihen und mit Zitronenschale abspritzen.

Auch über diesen klassischen Cocktail hinaus hat Port einen festen Platz in den führenden Bars dieser Welt. Ob pur oder im Mix. Charles Schumann nennt in seiner Cocktail-Bibel »American Bar« beispielsweise den »Porto Flip«.

Porto Flip

1 Eigelb, 2 cl Sahne
1 Barlöffel Puderzucker
4 cl Port (Ruby)
1 cl Brandy
Muskatnuß
Im Shaker auf Eiswürfeln kräftig schütteln, in Cocktailschale abseihen, Muskatnuß darüberreiben.

Im vorangegangenen Rezept wurde ein Eigelb benötigt. Wenn man schon dabei ist, kann man das abgetrennte Eiweiß sogleich für einen weiteren von Charles Schumann empfohlenen Drink verwenden:

Chicago Fizz

2 cl Zitronensaft
1 Eiweiß
1 Barlöffel Puderzucker
2 cl Port Ruby
2 cl Rum weiß
Im Shaker auf Eiswürfeln kräftig schütteln, in Longdrinkglas auf Eiswürfel abseihen, mit Soda auffüllen.

Portwein hat Deutschlands berühmtesten Barkeeper – anno 1981 – auch zu einer sehr verlockenden Eigenkreation inspiriert:

Happy New Year

1 cl Brandy
2 cl Port (Ruby)
2 cl Orangensaft
Champagner
Im Shaker auf Eiswürfeln kräftig schütteln, in Champagnerkelch abseihen, mit Champagner auffüllen.

Verlassen wir Charles Schumanns Bar und machen einen Streifzug durch die Bars der Welt, deren kreative Cocktail-Künstler immer wieder interessante Rezepte mit Portwein erdacht haben. Ob als Flip oder Fizz, Cobbler oder Cooler, als Long Drink, Caipirinha-Variante, Hot-Drink oder Bowlen-Grundlage – Portwein ist in nahezu jeder Cocktailkategorie einsetzbar. Das gilt auch für weißen Port mit dem sich nicht nur praktisch jedes auf Sherry basierende Rezept variieren läßt.

Welcome Port

3 cl Tawny Port
2 cl Soberano
1 Dash Angostura Bitter
1 Dash Cointreau
auf Eis rühren und in ein Portweinglas abseihen.

Port Margarita

3 cl Port Tawny
2 cl Tequila
1 cl Limettensaft
in einem Shaker mit Eis schütteln und in ein Cocktail-Glas mit dünnem Salzrand abseihen.

Lisboa

3 cl weißen Port
2 cl Dry Gin
1 Dash Cassis
1 Dash Zitronensaft
in einem Rührglas mit Eis mischen und in ein Cocktailglas abseihen.

Lady Port

4 cl Tawny Port
1 cl Cognac
1 Dash Curacao Triple Sec
1 Dash Limetten- oder Zitronensaft
im Rührglas auf Eis rühren und in ein Cocktailglas abseihen.

PORT ROYAL

2 cl Tawny Port
1 Barlöffel Kirschwasser
1 Barlöffel Maraschino
in ein Sektglas geben, mit Champagner auffüllen.

Von links nach rechts: »Lady Port«, »Port Royal«, »Porto Pirinha«

PORTO PIRINHA

5 cl Tawny Port
1 cl Cachaca
1 Barlöffel Zuckersirup
1/2 Limette
Die halbe Limette in Scheiben oder Stücke schneiden, mit dem Zuckersirup in einen Tumbler geben, mit dem Barlöffel die Limettenstücke zerdrücken. Eiswürfel in das Glas geben, Port und Cachaca hinzufügen und gut umrühren.

PORT ORANGE

4 cl Tawny Port
1 cl Cointreau
mit Champagner oder trockenem Sekt auffüllen, mit etwas Zitrone abspritzen.

CAPTAIN'S PORT

3 cl weißen Port
2 cl Scotch Whisky
1 cl Limettensirup
auf Eis rühren und in ein Cocktailglas abseihen.

PORT TROPICAL

4 cl Tawny Port
1 cl goldener Rum
1 cl Cointreau
je 4 cl Orangen- und Ananassaft
in einen Shaker mit Eiswürfeln geben, kurz und kräftig schütteln, in ein Longdrinkglas abseihen.

Port Cooler

4 cl Tawny Port
2 cl Gin
in ein Longdrinkglas über Eis geben, 1/2 Orangenscheibe hinzufügen, mit Ginger Ale auffüllen.

Port Reserve

3 cl weißer Port
2 cl brauner Rum
in ein Portweinglas geben, umrühren, fertig.

Port Rendezvous

2 cl roter Port
3 cl Cognac
3 cl trockener Vermouth
1 cl Grenadine
2 cl Orangensaft
1 Barlöffel Creme de Menthe (weiß)
auf Eiswürfeln gut rühren, in Cocktailgläser umfüllen.

Von links nach rechts: »Port Rendezvous«, »Tempter Port«, »Port Tonic« (s. S. 203)

TEMPTER PORT

3 cl roter Port
3 cl Apricot Brandy
in einem Barglas auf Eis kurz durchrühren und in einen Tumbler abseihen.

Bowle »Donna Filipa« – auch Bowlen verleiht Port Kraft und weinige Fülle

BOWLE »DONNA FILIPA«

Zutaten für 8 Personen:
500 g Erdbeeren
1 frische Ananas
3 Bananen
6 cl weißer Rum
60 g Zucker
Saft einer halben Zitrone
0,5 l weißer Port
0,5 l Apfelsaft
1 Flasche trockener Sekt
Erdbeeren waschen und halbieren. Ananas schälen, den harten Mittelstrunk entfernen und das Fruchtfleisch würfeln. Bananen schälen und in Scheiben schneiden. Das Obst mit weißem Rum, Zucker und Zitronensaft ansetzen und 20 Minuten ziehen lassen. Dann mit gut gekühltem weißen Port und Apfelsaft aufgießen. Kurz vor dem Servieren mit Sekt auffüllen. Je nach Geschmack ein bis zwei Kugeln Erdbeer- oder Vanilleeis hinzugeben.

Daß Portwein durchaus auch in warmen oder heißen Getränken verwendbar ist, zeigen die folgenden, winterlichen Rezepte:

APFEL-PORT-PUNSCH

Zutaten für 6 Gläser:
1 Flasche Apfelsaft
1 TL weißer Kandis
1 Zitrone (unbehandelt)
4 Nelken
1/2 Zimtstange
1/4 l weißer Port
Apfelsaft aufkochen und den Kandis darin auflösen. Die Schale

einer Zitrone und die Gewürzzutaten mitkochen. Zum Schluß den Portwein zugeben. Vor dem Servieren Nelken, Zimtstange und Zitronenschale entfernen.

Portugiesen-Tee

Zutaten für 6 Gläser:
1/2 l heißer starker Tee
etwas Zucker
1/4 l roter Port
2 Messerspitzen Kardamom
8 EL leicht geschlagene Sahne
Den heißen Tee mit Zucker süßen, Portwein hinzugeben und erhitzen. Mit Kardamom abschmecken. In die Gläser geben und Sahne auf die Tee-Portwein-Mischung geben.

Port-Feuer

Zutaten für 8 Gläser:
1 Flasche Johannisbeersaft
1/2 l roter Port
Saft einer Zitrone
1/2 Zimtstange
3 Nelken
8 Zitronenscheiben (unbehandelt)
8 Stück Würfelzucker
Rum (hochprozentig)
Johannisbeersaft mit Portwein, Zitronensaft, Zimtstange und Nelken aufkochen (nach Belieben nachsüßen). Zimtstange und Nelken herausnehmen. Auf Groggläser verteilen, auf jedes Glas eine Zitronenscheibe legen. Darauf jeweils ein mit Rum getränktes Stückchen Würfelzucker legen und anzünden.

Glossar

Adega: Kellerei einer Quinta oder Genossenschaft im Anbaugebiet

Alkoholgehalt: Der vorgeschriebene Mindestalkoholgehalt beträgt bei Portwein 16,5 %vol, die Exportqualitäten liegen zwischen 19 und 22 %vol

Aloirado: Auf manchen Etiketten anzutreffende portugiesische Bezeichnung für Tawny

Autovinifikation: Kelterungssystem, bei dem das während der Gärung entstehende Kohlendioxid und der dadurch zunehmende Druck im Gärtank zur Extraktion von Farb- und Aromastoffen aus der Maische genutzt werden

Avinierung: Die Methode der Portherstellung, bei der die Mostgärung durch Zugabe von hochprozentigem Branntwein gestoppt wird

Blended Ports: Durch das Verschneiden (»Blending«) verschiedener Weine aus unterschiedlichen Traubensorten, Jahrgängen und Lagen entstandene Ports

Branco: Portugiesisch für weißen Port

Casa do Douro: Kontrollbehörde mit Sitz in Régua, die alle mit Weinbau, Ernte und Kelterung zusammenhängenden Arbeiten überwacht

Colheita: Die »portugiesische Variante« eines Jahrgangsports. Portwein aus einer guten Ernte, der mindestens 7 Jahre im Faß lagerte und dessen Etikett Angaben zu Ernte- und Abfülljahr sowie zur Faßlagerung enthält

Crust: siehe Depot

Cuvée: Französischer Fachbegriff für eine gezielt zusammengestellte Mischung (Verschnitt, Blend) verschiedener Weine

Depot: Bodensatz, der im ungefilterten Wein während der Reifung in der Flasche entsteht; im Englischen auch als »Crust« bezeichnet

Doce: Portugiesisch für »süß«

Dry: Englische Bezeichnung für trocken ausgebaute Ports

Entreposto (de Gaia): Der »Lagerplatz« in Vila Nova de Gaia; ein genau abgegrenztes und vom IVP überwachtes Gebiet, in dem die Portwein-Häuser ihre Lager haben; frz.: Entrepôt

Garantie-Siegel: Jede Originalflasche Port trägt ein Siegel mit eigener Kontroll-Nummer, mit dem die Kontrollbehörde IVP für die Qualität des Flascheninhalts bürgt

Garrafeira: Portugiesische Bezeichnung für Portweine, die nach der Faßreife mehrere Jahre in Glasballons ausreifen, bevor sie auf Flaschen abgefüllt werden

Instituto do Vinho do Porto: Zentrale halbstaatliche Kontrollbehörde mit Sitz in Porto

Lagares: Portugiesisch für die traditionellen Steintröge, in denen Traubengut durch Zerstampfen mit den Füßen gekeltert wird

Lagerzeiten: Gesetzlich vorgeschriebenes Minimum 2 Jahre, Lagerhöchstgrenze 50 Jahre

Lodge: Lagerhaus in Vila Nova de Gaia

Novidade: Portugiesische Bezeichnung für den Port-Typ Vintage

Quinta: Weingut im Douro-Gebiet, auf dem die Grundweine zur Portweinherstellung angebaut werden

Retinto: Portugiesisch für »dunkelrot«

Seco: Portugiesisch für »trocken«

Shipper: Englisch für ein Porthandelshaus

Tawny: Englisch für »lohfarben«, gleichzeitig Bezeichnung eines Port-Typs

Tinto: portugiesisch für »rot«

Tinto aloirado: Portugiesich für »hellrot«

Tinto palido: Portugiesisch für »hellrot«

Verschnitt: Zusammenstellung eines bestimmten Port-Typs aus verschiedenen Jahrgängen, Rebsorten und Lagen

Vinho do Porto: Portugiesisch für Portwein

Bezugsquellen

Für dieses Buch haben wir verstärkt mit den Erzeugern in Portugal zusammengearbeitet. Nicht alle dieser Ports werden in Deutschland angeboten, was angesichts der kontrollierten Qualität schade ist. Vielleicht nutzt ja der eine oder andere Händler unter unseren Lesern diese Chance? Dann werden wir Sie in einer nächsten Auflage über neue Bezugsquellen informieren.

Andresen, Quarles Harris, Warre, Quinta do Vesuvio
A. Segnitz & Co. GmbH
Postfach 101506
28015 Bremen

Barros-Almeida
Rui dos Reis Martins
Schleissheimer Str. 198
80797 München

Burmester, Quinta de la Rosa
Weingalerie Kubin & Lindenblatt
Sybelstraße 48
10629 Berlin

Cálem
Gerhard W. Stahlhut KG
Hermann-Funk-Str. 9
28309 Bremen

Champalimaud
Weinhaus Gut Hellenbroich
Bauerbahn 5
41464 Neuss

Churchill Graham
Fegers, Underberg und Berts
Heumarkt 55–57
50667 Köln

Cockburn Smithes
Weinbrennerei Jacobi
Grunbacher Str. 63
71384 Weinstadt

Delaforce
Weltmarken Import
Bahnstrasse 10
65205 Wiesbaden

Dow's
Wein Wolf Import
Königswinterer Str. 552
53227 Bonn

Ferreira (A. A.)
Rémy Deutschland GmbH
Söhnleinstr. 8
65201 Wiesbaden

Feuerheerd
Weingut Schwarzer Adler
Badbergstraße 23
79235 Vogtsburg/
Oberbergen

Flagman's
Eggers & Franke
Töferbohm 8
28195 Bremen

Fonseca Guimaraens
HAWESKO
Hamburger Str. 14–20
25436 Tornesch

Gilberts
Frankhof-Kellerei
Burgeffstrasse 19
65239 Hochheim/Main

Graham
France Vinicole
Hafenstr. 20
77694 Kehl/Rhein

Mac Duff's, Osborne
Dethleffsen
Schleswiger Str. 107
24941 Flensburg

Messias
Berg Import GmbH
Revierstr. 7–9
46145 Oberhausen

Niepoort
Rheinische Weinhandelsges.
Erlanger Str. 4
51103 Köln

Noval, Quinta do
J.H. Kaven
Leinpfad 83
22299 Hamburg

und:

Alois Dallmayr
Dienerstr. 14/15
80331 München

Offley
Veuve Clicquot Import
Taunusstr. 21
65183 Wiesbaden

Pocas
Hans Eigelsbach Import
Am Kümmerling 39
55294 Bodenheim/Rhein

Ramos-Pinto
Schlumberger KG
Buschstraße 20
53340 Meckenheim

Real Companhia (Royal Oporto)
BORCO-Marken-Import
Winsbergring 14–22
22525 Hamburg

Romaneira, Quinta de
Das Weinkabinett
Theo Morgenschweis
Am Altenberg 8
57290 Neuenkirchen

Rozès
Rila Importe
Hinterm Teich 5
32251 Stemwede-Levern

und:

Mœt-Hennessy Deutschland
Max-Planck-Str. 8
81675 Aschheim

Sandeman
Seagram Deutschland
Geheimrat-Hummel-Platz 4
65239 Hochheim/Main

Taylor Fladg. & Yeatman
Deinhard-Epikur
Deinhardplatz
56068 Koblenz

Viera de Souza
Kammer-Kirsch GmbH
Hardtstr. 37
76185 Karlsruhe

Wiese & Krohn Arnsby's
Joh. Eggers Sohn & Co.
Getreidestr. 16-18
28217 Bremen

Weitere Informationen und Bezugsquellenangaben können Sie auch unter folgender Adresse erhalten:

ICEP Portugiesisches Handels- und Touristikbüro
Kreuzstraße 34
D-40210 Düsseldorf

Leser in Österreich bzw. der Schweiz bitten wir, sich mit Fragen nach Bezugsquellen in ihren Ländern an die dortigen ICEP-Büros zu wenden:

Portugiesische Handelsdelegation – Touristikzentrum
Stubenring 16/3
A-1010 Wien

Portugiesisches Verkehrsamt und Handelsdelegation
Badener Straße 15
CH-8004 Zürich

Register

Bildnachweis

S. 8 Faber & Partner Fotografie, Düsseldorf; S. 10 IPV, Porto; S. 11 IVP, Porto; S. 13 IVP, Porto; S. 15 IVP, Porto; S. 18 IVP, Porto; S. 19 IVP, Porto; S. 21 ICEP, Düsseldorf; S. 24 Portugiesisches Touristik-Amt, Frankfurt a. M.; S. 25 IVP, Porto; S. 26 Faber & Partner Fotografie, Düsseldorf; S. 30 ICEP, Düsseldorf; S. 32 ICEP, Düsseldorf; S. 34 ICEP, Düsseldorf; S. 35 Taylor Fladgate & Yeatman; S. 36 ICEP, Düsseldorf; S. 38 ICEP, Düsseldorf; S. 39 ICEP, Düsseldorf; S. 48 IVP, Porto; S. 56 Barros-Almeida; S. 59 Burmester; S. 60 Burmester; S. 66 Champalimaud; S. 71 ICEP, Düsseldorf; S. 75 ICEP, Düsseldorf; S. 76 Delaforce; S. 77 Delaforce; S. 80 Dow's; S. 84 Ferreia; S. 88 Faber & Partner Fotografie, Düsseldorf; S. 90 Feuerheerd; S. 92 Faber & Partner Fotografie, Düsseldorf; S. 95 Portugiesisches Touristik-Amt, Frankfurt a. M.; S. 96 Fonseca; S. 100 A. Behrendt; S. 104 Graham; S. 120 A. Behrendt; S. 124 Noval; S. 134 Osborne; S. 140 Quarles Harris; S. 147 Sandeman; S. 148 Faber & Partner Fotografie, Düsseldorf; S. 152 ICEP, Düsseldorf; S. 156 Quinta de la Rosa; S. 160 Rozès; S. 164 Sandeman; S. 165 Sandeman; S. 169 Faber & Partner Fotografie, Düsseldorf; S. 170 Smith-Woodhouse; S. 172 Faber & Partner Fotografie, Düsseldorf; S. 176 Taylor Fladgate & Yeatman; S. 181 Vesuvio; S. 186 Warre; S, 188 Warre; S. 190 Wiese & Krohn; S. 208/209 Faber & Partner Fotografie, Düsseldorf; S. 211 ICEP, Düsseldorf; S. 213 ICEP, Düsseldorf; S. 215 ICEP, Düsseldorf; S. 217 ICEP, Düsseldorf; S. 218 ICEP, Düsseldorf; S. 220 ICEP, Düsseldorf; S. 221 ICEP, Düsseldorf; S. 224 ICEP, Düsseldorf; S. 235 ICEP, Düsseldorf; S. 226 ICEP, Düsseldorf.